SEGmente

Herausgeber: Frank Meurer
Thomas Mitschke
Jürgen Schreiber

Band 11

Notarzt und Notfallsanitäter beim Terroranschlag

Stefan Müller

Arne Jansch

Guido Hill

Philipp Fischer

3., überarbeitete Auflage

S+K

Verlagsgesellschaft Stumpf & Kossendey mbH, Edewecht 2023

Anmerkungen des Verlags

Die Herausgeber bzw. die Autoren und der Verlag haben höchste Sorgfalt hinsichtlich der Angaben von Therapie-Richtlinien, Medikamentenanwendungen und -dosierungen aufgewendet. Für versehentliche falsche Angaben übernehmen sie keine Haftung. Da die gesetzlichen Bestimmungen und wissenschaftlich begründeten Empfehlungen einer ständigen Veränderung unterworfen sind, ist der Benutzer aufgefordert, die aktuell gültigen Richtlinien anhand der Literatur und der Beipackzettel zu überprüfen und sich entsprechend zu verhalten.
Die Angaben von Handelsnamen, Warenbezeichnungen etc. ohne die besondere Kennzeichnung ®/™/© bedeuten keinesfalls, dass diese im Sinne des Gesetzgebers als frei anzusehen wären und entsprechend benutzt werden könnten.
Der Text und/oder das Literaturverzeichnis enthalten Links zu externen Webseiten Dritter, auf deren Inhalt der Verlag keinen Einfluss hat. Deshalb kann er für diese fremden Inhalte auch keine Gewähr übernehmen. Für die Inhalte der verlinkten Seiten ist stets der jeweilige Anbieter oder Betreiber der Seite verantwortlich.
Aus Gründen der Lesbarkeit ist in diesem Buch meist die männliche Sprachform gewählt worden. Alle personenbezogenen Aussagen gelten jedoch stets für Personen beliebigen Geschlechts gleichermaßen.

Bibliografische Information der Deutschen Nationalbibliothek
Die Deutsche Nationalbibliothek verzeichnet diese Publikation in der Deutschen Nationalbibliografie; detaillierte bibliografische Daten sind im Internet über http://dnb.dnb.de abrufbar.

Satz: Bürger Verlag GmbH, Edewecht
Titelbilder: T. Trütgen (Hintergrund), Sebastian Drolshagen, Dortmund (Vordergrund)
Druck: Tolek Sp. z o.o., 43-190 Mikolów (Polen)

Inhalt

Abkürzungen

4A1C4E	Atemgifte, Angst, Ausbreitung, atomare Gefahr, chemische Stoffe, Elektrizität, Explosion, Einsturz, Erkrankung/Verletzung
Abb.	Abbildung
Aufl.	Auflage
BABZ	Bundesakademie für Bevölkerungsschutz und Zivile Verteidigung
BBK	Bundesamt für Bevölkerungsschutz und Katastrophenhilfe
CAT	Combat Application Tourniquet
CBRNE(S)	chemisch, biologisch, radio-nuklear, explosiv, Schusswaffe
CoTCCC	Committee of Tactical Combat Casualty Care
DGU	Deutsche Gesellschaft für Unfallchirurgie e. V.
ETA	Euskadi ta Askatasuna
FwDV	Feuerwehrdienstvorschrift
GAMS	Gefahren erkennen, Abstand halten, Menschenrettung, Spezialkräfte alarmieren
HEIKAT	Handlungsempfehlungen zur Eigensicherung für Einsatzkräfte der Katastrophenschutz- und Hilfsorganisationen bei einem Einsatz nach einem Anschlag
Hrsg.	Herausgeber
i. o.	intraossär
ICR	Interkostalraum
IED	Improvised Explosive Device
IS	„Islamischer Staat“
KTU	kriminaltechnische Untersuchung
lat.	lateinisch
LebEL	lebensbedrohliche Einsatzlagen
MANV	Massenanfall von Verletzten
mSTaRT	modifiziertes Schema: Simple Triage and Rapid Treatment
o. A.	ohne Angabe, ohne Autor
o. J.	ohne Jahr
Pkw	Personenkraftwagen
RTW	Rettungswagen
SEK	Spezialeinsatzkommando
s. o.	siehe oben
SOFTT	Special Operational Forces Tactical Tourniquet
Tab.	Tabelle

TATP	Triacetontriperoxid
TCCC	Tactical Combat Casualty Care
TEMS	Tactical Emergency Medical Support
TNT	Trinitrotoluol
u. a.	und andere, unter anderem
USA	United States of America
USBV	unkonventionelle Spreng- und Brandvorrichtungen
usw.	und so weiter
UXO	Unexploded Ordnance („Blindgänger“)
VBIED	Vehicle Born Improvised Explosive Device (nicht kommerziell/industriell hergestellter Sprengsatz in einem Fahrzeug)
vgl.	vergleiche
VoTeKK	Projekt zur Vorbereitung auf Terroranschläge, Krisen und Katastrophen des BBK
z. B.	zum Beispiel
z. T.	zum Teil
ZMZ	zivil-militärische Zusammenarbeit

Vorwort*

„Notarzt und Notfallsanitäter** beim Terroranschlag" – das Thema dieses Bandes aus der SEGmente-Reihe hätte noch vor einer Dekade im deutschsprachigen Schrifttum nicht das Interesse bei den Einsatzkräften der Polizei, der Feuerwehr und des Rettungsdienstes geweckt wie zum gegenwärtigen Zeitpunkt. Heute hat sich das Risikobewusstsein auch in der Bevölkerung eher vom Ob zum Wann eines derartigen Anschlagsszenarios geändert.

Somit füllen die Autoren dieses Buches eine Wissenslücke im Hinblick auf die komplexen physikalischen Phänomene von Sprengstoffexplosionen und deren pathophysiologischen Konsequenzen im Organismus der Betroffenen. Dieses Wissen war bis dato nur Experten vornehmlich im militärischen Bereich vorbehalten.

Ein besonderes Dilemma bei dem Szenario eines Terroranschlags liegt für das Einsatzpersonal des Rettungsdienstes darin, dass die polizeiliche und feuerwehrtechnische Gefahrenabwehr absoluten Vorrang vor den Maßnahmen der Lebensrettung hat. Der Stress und die sich daraus ergebenden Diskussionen sind nur durch ein integratives Vorgehen aller Kräfte der Polizei, der Feuerwehr, des Rettungsdienstes und der Zivil-Militärischen Zusammenarbeit (ZMZ) zu lösen. Dies machen die Autoren deutlich.

Dieser SEGmente-Band vermittelt jedoch nicht nur Wissen und hilft bei der Klärung strittiger Fragen, sondern wirft auch einen Blick auf die besonderen Techniken und Materialien, die in der Praxis beherrscht und angewendet werden müssen.

* Vorwort zur ersten bzw. zweiten Auflage von 2012 bzw. 2017.

** „Notarzt und Rettungsassistent beim Terroranschlag" lautete der ursprüngliche Titel dieses SEGmente-Bandes. Das Berufsbild „Notfallsanitäter" machte eine Anpassung erforderlich.

Man kann nur hoffen, dass das, was Soziologen feststellten, zutrifft:

> *Bösmenschen werden bei guter Vorbereitung der Bewältigung eines zu erwartenden Schadens entmutigt, einen solchen Anschlag zu planen und auszuführen!*

Prof. Dr. med. Dr. h.c. Bernd-Dieter Domres,
Gründungsmitglied der Deutschen Gesellschaft
für KatastrophenMedizin (DGKM) und
Präsident des Deutschen Instituts für Katastrophenmedizin

1 Bedrohungen und Herausforderungen durch Terroranschläge

1.1 Psychologie des Terrorismus

1.1.1 Hintergrund

Terrorismus ist keine neue Erscheinung oder Herausforderung. Schon immer wurden extreme Gewalt und Widerstand von nichtstaatlichen Gruppen gegen die Staatsgewalt im Sinne der asymmetrischen Kriegsführung eingesetzt. Je nach Betrachtungsweise sind es entweder Terroristen, die diese Taten ausführen, oder Freiheitskämpfer bzw. Revolutionäre.

Eine allgemeingültige Definition des Begriffs Terrorismus (lat. Terror: „Furcht", „Schrecken") ist bislang nicht gelungen, aber es hat sich im wissenschaftlichen Diskurs eine Arbeitsdefinition gefunden (vgl. Jesse 2021):

Terrorismus:

- ausgehend von nichtstaatlichen Akteuren
- verbunden mit einer politischen und/oder religiösen Botschaft (das Ereignis muss größer sein als die bloße Aktion)
- umfasst die Schädigung oder die Androhung von Schaden gegenüber Zivilisten bzw. Nichtkombattanten.

Anschlag:
In der Regel wird im Rahmen des modernen Terrorismus bevorzugt die Anschlagstechnik in ihren verschiedensten Ausprägungen verwendet. Dazu werden mit minimalem ma-

teriellem und personellem Aufwand vulnerable Ziele beispielsweise in Form von Anschlägen, durch Fahrzeugbomben oder den Einsatz von Selbstmordattentätern effektiv angegriffen. Diese Art der sogenannten asymmetrischen Kriegsführung vermeidet die offene Konfrontation mit einem überlegenen Gegner und ist schwer zu unterbinden. Darüber hinaus führen diese Terroranschläge zu vielen Opfern und geschädigten Personen im Sinne eines Massenanfalls von Verletzten (MANV). Auch wenn konventionelle Sprengstoffanschläge ungleich häufiger vorkommen, bestehen dennoch die Möglichkeiten der biologischen, chemischen oder nuklearen Kontamination durch Anschlagswaffen und der damit verbundenen Provokation von Angst und Hilflosigkeit (vgl. Lennquist 2012) bis hin zu Panikausbrüchen mit den damit verbundenen Herausforderungen.

1.1.2 Zielsetzung

Der Terror dient als Druckmittel und soll vor allem Besorgnis und Schrecken verbreiten, Sympathie und Unterstützungsbereitschaft in der Bevölkerung erzeugen und die Hilflosigkeit des Staates sowie des Einzelnen demonstrieren. Terrorismus ist keine militärische Strategie, sondern primär eine Kommunikationstaktik. Es wird hier vor allem eine veränderte Risikowahrnehmung der Medien, der Bevölkerung und der Politik erzwungen. Terroristen streben zwar nach Veränderungen der bestehenden Ordnung, doch greifen sie nicht militärisch nach Raum (wie z. B. der Freiheitskämpfer), sondern möchten das Denken besetzen und dadurch Veränderungsprozesse erzwingen (vgl. Lennquist 2012).

Seit dem 11. September 2001 hat der Terrorismus eine neue Dimension erreicht, da sich mit nahezu 3.000 Opfern und der exponierten Örtlichkeit ein neues Bild in Bezug auf den Terrorismus in das Gedächtnis der Bevölkerung eingegraben hat (vgl. Lennquist 2012). Die Nutzung von Selbstmordattentaten als besonders effektive Anschlagstechnik verursacht dabei eine besondere Verunsicherung.

1.2 Herausforderungen an den Rettungsdienst bei einem Terroranschlag

Durch einen terroristisch motivierten Anschlag, insbesondere mit Sprengstoff, kommt es innerhalb kürzester Zeit zu einer beabsichtigten hohen Anzahl von Verletzten und Toten (vgl. Born et al. 2007). Daraus folgt ein Mangel an personellen und materiellen Ressourcen. Dieser Massenanfall von Verletzten kann und darf nicht wie der oft beübte statische MANV abgearbeitet werden!

1.2.1 Unterschiede

Bei einem terroristisch motivierten Anschlag handelt es sich um eine dynamische Lage, was wiederum bedeutet, dass ständig neue Erkenntnisse zu sicherheitsrelevanten Vorkommnissen die Einsatzkräfte in der Handlungsmöglichkeit und medizinischen Versorgung einschränken oder sogar gefährden und wir uns permanent der aktuellen Lage anpassen müssen.

Dadurch kann sich die Chaosphase deutlich verlängern, da das Rettungsdienstpersonal vor Ort aufgrund der Gefährdung weder Aufklärungsergebnisse liefern kann noch erste Maßnahmen wie zum Beispiel eine Vorsichtung an der Schadensstelle durchführen wird. Bedingt durch diese Schwierigkeiten kommt es zu einem längeren Informationsdefizit, wobei eine Zusammenarbeit mit den Sicherheitskräften unabdingbar wird (vgl. Shapira, Hammond und Cole 2008).

1.2.2 Gefahren

Bei solchen Ereignissen kann „blinder Aktionismus" des Rettungsdienstes bzw. die reflexartige Haltung, umgehend helfen zu wollen, schwerwiegende Folgen für das betreffende Rettungsteam, aber auch für nachfolgende Kräfte haben.

Unbedachtes Vorgehen an der Schadensstelle oder falsches taktisches Verhalten gefährdet das Rettungsdienstpersonal zum Beispiel durch noch nicht vollständig umgesetzte improvisierte Sprengsätze oder einen gezielten Zweitanschlag auf die Einsatzkräfte.

Auch wenn dringend Hilfe angebracht ist, müssen die Eigensicherung und der Eigenschutz Vorrang haben, eine Einschätzung der Bedrohungslage und die Freigabe durch Sicherheitskräfte sind dringend geboten. Denken Sie daran, dass Sie als ausgebildete Spezialkräfte eine Ressource darstellen, die nicht in beliebiger Anzahl zur Verfügung steht! Sie sind in einem solchen Einsatz nicht zu ersetzen und dürfen sich daher nicht unbedacht in Gefahr begeben. Primäres Ziel sollte sein, bei solchen Einsätzen daran zu denken, dass es sich um eine lebensbedrohliche Einsatzlage (LebEL) handeln könnte. Dies kann zu panischen Reaktionen bei uns Helfenden führen; dem können wir durch strukturierte Ausbildung begegnen.

1.2.3 Besonderheiten

Die im rettungsdienstlichen Routineeinsatz überwiegend durchgeführte Individualmedizin tritt hier in den Hintergrund, nicht nur zugunsten einer (Vor-)Sichtung, um das Bestmögliche für eine Vielzahl von Opfern zu gewährleisten, sondern auch vor dem Hintergrund, dass unter Umständen keine Behandlung durchgeführt werden kann, da dies die Sicherheitslage nicht zulässt. Dies stellt eine enorme Belastung für die Rettungsdienstmitarbeiter dar.

Im Regelrettungsdienst sind nur 4,1 Prozent der Unfallereignisse penetrierende Verletzungen (vgl. Deutsche Gesellschaft für Unfallchirurgie 2022b), daher stellen Verletzungsmuster durch Sprengstoffanschläge, Splitter- und Schussverletzungen besondere Anforderungen an das Erkennen, die Beurteilung und die Versorgung solcher Verwundungen.

Durch die enorme Kräftebindung bei einem solchen Ereignis wird der Regelrettungsdienst stark eingeschränkt oder kommt zum Erliegen.

Nicht zu unterschätzen ist die Massenbewegung leicht Verletzter in die räumlich am nächsten gelegenen Krankenhäuser – weder sind diese Kliniken auf eine derartige Versorgung eingerichtet (vgl. Wurmb et al. 2019), noch suchen diese Patienten immer die richtige Zielklinik für ihre Verletzungen auf und müssen daher weitergeleitet werden.

Ausgebildete Fachkräfte wie Ärzte, Pflege-, Rettungsdienst- und Feuerwehrkräfte sowie anderes im Dienstfrei befindliches Personal wollen nach Kenntnis eines Anschlages am Einsatzort helfen und erreichen diesen selbstständig. Das muss vermieden werden, denn diese professionell ausgebildeten Helfer sollten die eigene Dienststelle/Klinik aufsuchen, um dort zu unterstützen sowie eingeteilt und geführt zu werden (vgl. Turégano-Fuentes und Pérez-Díaz 2006). Weiterhin können diese zusätzlichen Kräfte am Schadensort schlecht koordiniert werden, da ihre Anwesenheit nicht bekannt ist. Sie gefährden sich selbst, da sie nicht die nötigen Informationen zum Fortschreiten der Lage erhalten. Bei längeren Einsätzen kann nur bedingt eine Ablösung durchgeführt werden, weil keine Reserven mehr gebildet werden können.

1.3 Arten der Bedrohungen

Die in der Vergangenheit durchgeführten terroristischen Anschläge zeichnen ein typisches Bild häufig verwendeter Anschlagsmodi und Verläufe. Besonders hervorzuheben ist das Sprengstoffattentat aufgrund der kostengünstigen Beschaffung der Komponenten und leichten Ausführung.

In diesem Kapitel bekommen Sie einen Überblick über die verschiedenen Anschlagsarten und -häufigkeiten sowie Begriffsdefinitionen.

In der Regel findet die Einteilung der Anschlagswaffen unter der Abkürzung CBRNE(S) statt (vgl. Prockop 2006). Das Kürzel steht für „chemisch“, „biologisch“, „radio-nuklear“, „explosiv“ und „Schusswaffe“. Differenziert man diese einzelnen Arten und betrachtet vergangene Anschläge, so ergeben sich folgende Einteilungen:

1.3.1 Anschläge / Attentate

Das Attentat ist eine zielgerichtete Tötung oder Verletzung von Personen mit für die Täter herausragenden Merkmalen (zum Beispiel politisch, religiös, wirtschaftlich). Anschläge bezeichnen dagegen in den meisten Fällen Gewalt gegen Sachen oder unspezifische Personengruppen.

Selbstverständlich können diese Arten der Bedrohung auch in Verbindung mit Brandsätzen, Stichwaffen und Explosivstoffen vorkommen.

1.3.2 Lowtech-Terrorismus

Besonders seit Mitte der 2000er Jahre gingen selbst große Terrororganisationen dazu über, zusätzlich unausgebildete Individuen für Anschläge in ihren ursprünglichen Heimatländern zu inspirieren. Um das Ausbildungsdefizit zumindest in Teilen auszugleichen, sollten diese Anschläge mit einfachsten Mitteln wie Messern, Äxten und Fahrzeugen gegen Menschenansammlungen verübt werden. Bedauerlicherweise kam es bereits zu einer Vielzahl solcher Fälle.

Amoklagen durch Hieb- und Stichwaffen

Typisches Kennzeichen der Hieb- und Stichwaffen ist die „spaltend/stechende Wirkung dieser Waffen, die (im Gegensatz zu Schlag- und Stoßwaffen) dazu konzipiert sind, in das Ziel einzudringen“ (Wikipedia-Redaktion 2018).

Ein Blick in die Polizeiliche Kriminalitätsstatistik der vergangenen Jahre zeigt: Die Zahl der Gewalttaten mit einem Messer hat abgenommen. Waren es 2019 noch 5.780 Fälle, sank die Zahl 2020 auf 4.669 und 2021 weiter auf 4.397. Während 2019 noch fast ein Drittel der Angegriffenen unverletzt blieb und in der Statistik keine Todesopfer genannt werden, starben im folgenden Jahr 37 Menschen bei Messerattacken, 338 wurden schwer verletzt. Im Jahr 2021 starben 30 Menschen durch Messerangriffe (vgl. Magoley 2022).

Handlungsempfehlungen für den Rettungsdienst:

- *Einsatzort zu Beginn sondieren.*
- *„Alltagsgegenstände“ können zu (Stich-)Waffen werden.*
- *Erkennen und Ausnützen von Hindernissen oder Deckungen.*
- *Visuelle Kontrolle der Hände des Gegenübers.*
- *Distanz zum Gegenüber wahren.*
- *Eigensicherung hat Priorität.*

Am besten gar nicht erst in die „Lage“ geraten. Auf Rückmeldung und Freigabe des Einsatzortes durch Polizei und Leitstelle warten (vgl. Bundesministerium des Innern 2020).

Es gelten die Regeln der permissiven Hypotonie und der Volumensubstitution analog zur S3-Leitlinie Polytrauma/ Schwerverletzten-Behandlung. In vielen Fällen können penetrierende Verletzungen erst durch eine chirurgische Intervention adäquat behandelt werden. Der Ansatz „Scoop and Run" sollte bevorzugt werden (vgl. Völlmecke et al. 2018).

Amoklagen durch Fahrzeuge

In der jüngeren Vergangenheit wurde immer häufiger ein Fahrzeug als „Waffe" benutzt – Nizza 2016, Berlin Breitscheidplatz 2016/2022, Trier 2020, um nur einige zu nennen. Es ist einfach, an diese „Waffen" zu gelangen, und deren Einsatz ist damit schwer vorherzusehen. Ein umfassender Schutz, z.B. durch Barrikaden in Städten, ist auch aus Gründen einer friedlichen und reibungsarmen Logistik schwer möglich. Viele Leser sind im Berufsleben schon einmal zu einem Einsatz „Verkehrsunfall ..." gerufen worden, hierbei ist der Eigenschutz und das „daran denken" in jüngerer Vergangenheit umso wichtiger geworden.

1.3.3 Einsatz von Schusswaffen

▸ siehe Kapitel 3.1 „Schussverletzungen"

Amoklagen und School-Shooting

Multifaktorielle Einflüsse aus dem sozialen Umfeld und der Persönlichkeit führen zu geplanten Gewalttaten.

Drive-by-Schooting

Anschlag mit Schusswaffen aus einem an Opfern vorbeifahrenden Fahrzeug.

Heckenschützen
Hierbei handelt es sich um Täter, die aus einem versteckten Hinterhalt auf große Entfernung auf Menschen schießen. Ein Beispiel ist das Texas-Tower-Attentat in Austin 1966, bei dem die Opfer aus Distanzen von bis zu 400 m getötet wurden.

Soziopathen
Dieser Personenkreis tritt meist durch Affekttaten in Erscheinung.

1.3.4 (Massen-)Geiselnahmen

Der Unterschied zur Entführung besteht darin, dass der Aufenthaltsort der Opfer bekannt ist. Massengeiselnahmen wie diejenige im Rahmen der Olympischen Spiele 1972 in München, aber auch im Moskauer Musical-Theater (2002) oder in der Schule von Beslan (2004) stellen die Rettungskräfte vor besondere Aufgaben. Dies resultiert aus dem unterschiedlichen Charakter zu einer „tatsächlichen" Geiselnahme, bei welcher der oder die Täter wirklich umsetzbare Forderungen platzieren. Bei einer Massengeiselnahme aus terroristischen Motiven nutzen die Täter die vermeintliche Verhandlungszeit häufig nur, um die eingenommene Struktur z. B. mit Sprengfallen zu sichern und warten ab, bis Medienteams vor Ort sind. Später versuchen sie, möglichst medienwirksam ein Versagen der Sicherheitskräfte herbeizuführen. Dies kann geschehen, indem durch Erschießung von Geiseln ein Handlungsdruck erzeugt wird und die Einsatzkräfte dann in vorbereitete (Spreng-)Fallen laufen. In jedem Fall ist davon auszugehen, dass für die Täter ein eigenes Überleben und das der Geiseln keine Option darstellt und sie es auch auf einen Feuerkampf mit der Polizei anlegen.

1.3.5 Explosivstoffe

IED – Improvised Explosive Device

► siehe Kapitel 3 „Explosions-, Schuss- und Stichverletzungen"

USBV – Unkonventionelle Spreng- und Brandvorrichtungen

► siehe Kapitel 3 „Explosions-, Schuss- und Stichverletzungen"

VBIED – Vehicle Born Improvised Explosive Device

Ein nicht kommerziell/industriell hergestellter Sprengsatz in einem Fahrzeug.

UXO – Unexploded Ordnance

„Blindgänger" (zum Beispiel Munition und Granaten) und auch nicht vollständig umgesetzte USBV.

Dirty Bomb („Schmutzige Bombe")

Bei dieser Art von Waffe handelt es sich um einen Sprengsatz, der im engeren Sinne radio-nukleares Material (im weiteren Sinne auch chemische Wirkstoffe oder biologische Agenzien) enthält. Nach der Detonation kommt es zur Dispersion dieser Zusätze und zur Kontamination der Umgebung.

1.3.6 Chemische Waffen

Diese Wirkstoffe können in flüssiger, vaporisierter oder pulverisierter Form auftreten und wirken auf den Respirationstrakt, das Nerven- und Blutsystem sowie die Haut. Bei Verdacht auf Verwendung von chemischen Wirkstoffen kommt der persönlichen Schutzausstattung im Einsatz besondere Bedeutung zu. Im Hinblick auf das Vorgehen des sogenannten Islamischen Staates im Irak und Syrien ist diesem Thema wieder mehr Beachtung zu schenken.

1.3.7 Biologische Waffen

Im Vergleich zu den chemischen Waffen oder Sprengsätzen führen biologische Agenzien (Viren, Bakterien, Toxine) in der Regel nicht schlagartig zu einer hohen Anzahl von Opfern. Hier kommt der Ausbildung des medizinischen Personals, Symptome zu erkennen und eine Häufung dieser Erkrankung eventuell als biologischen Anschlag wahrzunehmen, eine besondere Bedeutung zu.

Die Herstellung, Lagerung und Verbreitung solcher Substanzen stellen Terroristen vor große Herausforderungen. Anschläge wurden bereits mit Anthrax (Milzbrand) durchgeführt.

1.3.8 Radio-nukleare Bedrohung

Zum heutigen Zeitpunkt wird die Fähigkeit von Terroristen zur Herstellung nuklearer Waffen als gering eingeschätzt. Der Zugang zu radioaktivem Material aus Einrichtungen der ehemaligen UdSSR und in den Krisenregionen Libyen, Syrien und Irak sowie medizinischen Einrichtungen in Schwellenländern und Ländern der sogenannten Dritten Welt ist dagegen wahrscheinlich und der Einsatz im Rahmen einer Dirty Bomb durchaus denkbar.

1.3.9 Second Hit

Hierbei handelt es sich um einen Zweitanschlag. Durch das erste Ereignis, zum Beispiel eine Fahrzeug- oder Kofferbombe, werden Personen getötet und verletzt, bei Eintreffen und Versammlung der Rettungskräfte wird dann ein weiterer

Anschlag zum Beispiel durch einen Selbstmordattentäter durchgeführt.

1.3.10 Multiple Hit

Mehrere zeitgleiche oder zeitversetzte Anschläge innerhalb einer Region werden Serienanschläge genannt (vgl. Hoffman 2003). Sie sollen zu einer Überlastung und Verteilung der Rettungskräfte führen (Madrid 2004, London 2005).

1.3.11 Combined Hit

Die parallele Durchführung mehrerer Anschlagsarten, beispielsweise ein Sprengstoffanschlag in Verbindung mit Schusswaffengebrauch und terroristischen Taktiken wie Zweitanschlag oder Serienanschlag, wird als kombinierter Anschlag bezeichnet (Mumbai 2008, Oslo 2011, Paris 2015) (vgl. Haug 2015).

1.3.12 Harte und weiche Ziele

Ein hartes Ziel wird durch Schutzeinrichtungen und Sicherheitsmaßnahmen gegen Bedrohungen durch Dritte geschützt. Weiche Ziele sind alle anderen, nicht durch Schutzmaßnahmen gesicherte Orte und Objekte. So ist zum Beispiel ein Zug kein hartes Ziel, da der Täter leichten Zutritt hat und keinen großen Aufwand betreiben muss, um Sicherheitsvorkehrungen zu umgehen, unentdeckt zu bleiben und einen großen Schaden anzurichten. Für die Täterauswahl besonders relevant können beispielsweise auch größere Regional- oder Knotenbahnhöfe in Großstädten ohne feste Polizeipräsenz sein.

2 Vorbereitung auf Terroranschläge

„It couldn't happen here – not here – not this place – not us: That sort of thing happens to other people." (Bernstein 1987)

(„Es kann nicht hier passieren – nicht hier – nicht an diesem Ort – nicht uns: Diese Art von Dingen passiert anderen Menschen.")

2.1 Gefahrenlage in Deutschland: Ihre Wahrnehmung ist Ihre Realität!

Unser Handeln und Bewerten orientieren sich nicht daran, wie die Welt ist, sondern wie wir sie wahrnehmen. Der Philosoph Sokrates hat schon vor über 2.400 Jahren erkannt, dass die Wahrheit der menschlichen Erkenntnis unzugänglich ist und nur beobachtete Vorgänge eindeutig festgestellt werden können (vgl. Lasaulx 1858).

Waren Sie schon einmal in einen Terroranschlag oder in eine Bedrohungslage involviert? Vermutlich nicht, daher bekommen Sie in den folgenden Ausführungen einen Einblick in die aktuelle Sicherheitslage Deutschlands und warum auch Sie durch Ihre exponierte Stellung im Rettungsdienst davon betroffen sind. Durch Veränderung der eigenen Wahrnehmung können wir uns für diese psychischen Ausnahmesituationen außerhalb des Routinealltags im Rettungsdienst vorbereiten und sensibilisieren:

Handlungskompetenz kann nur durch die richtige Wahrnehmung erreicht werden!

In diesem Kapitel werden Sie über die Gefahrenlage in Deutschland informiert und erhalten einen Einblick in nationale Bedrohungen.

2.2 Einblick in besondere internationale Terroranschläge

Betrachten wir Anschläge der letzten Jahrzehnte, so könnte man damit bereits ein ganzes Buch füllen. Die im Folgenden aufgezeigten medienwirksamen Anschläge geben daher aufgrund ihrer herausragenden Merkmale nur einen Einblick in internationale Terroraktionen, Weiteres wird im Folgekapitel näher behandelt.

2.2.1 Tokio / Japan

Im März 1995 forderte ein Giftgasangriff auf die U-Bahn von Tokio durch die Aum-Sekte zwölf Todesopfer und über 1.000 Verletzte. Weniger bekannt ist, dass von der gleichen Gruppierung bereits ein Jahr zuvor in Matsumoto ein Giftgasanschlag erfolgte. Dabei wurden durch die Anhänger Plastiktüten mit dem chemischen Nervenkampfstoff Sarin angestochen.

2.2.2 New York / USA

Das wohl aufrüttelndste und im Hinblick auf die Terrorgefahr weltpolitisch bedeutsamste Ereignis war der Anschlag vom 11. September 2001. Dieser Tag ist in unser aller Geschichtsgedächtnis eingeprägt und hat nachhaltig zu dramatischen Ereignissen und Kriegen geführt, gleichzeitig aber auch dazu, dass unsere Sicherheits- und Schutzkultur überdacht wurde.

Am frühen Morgen dieses Septembertages wurde ein entführtes Passagierflugzeug in einen der Türme des World Trade Centers (WTC) in New York gesteuert, kurze Zeit später je ein weiteres in den zweiten Turm und das Pentagon, eine weitere Maschine stürzte über Pennsylvania ab. Die beiden Türme stürzten später ein und begruben an diesem Tag fast 3.000 Menschen unter sich, darunter Rettungskräfte der Polizei (78) und der Feuerwehr (mehr als 200).

2.602 Menschen fanden im WTC den Tod, 125 kamen bei dem Anschlag auf das Pentagon ums Leben. 247 Passagiere starben in den Flugzeugen, darüber hinaus alle 19 Terroristen. Wie viele der Retter und Helfer in Zukunft an den Asbeststäuben erkranken und an den traumatischen Erlebnissen scheitern werden, ist auch heute noch unklar.

2.2.3 Beslan / Russland

Im September 2004 kam es mit über 1.100 Geiseln in einer Schule im Nordkaukasus zu einer Massengeiselnahme. Nach Schusswechseln zwischen den Behörden und über 30 Terroristen und nach Explosionen von Bomben sowie dem Auftreten von Selbstmordattentätern (darunter auch Frauen, sog. Schwarze Witwen) und unsachgemäßer Anwendung von militärischer Gewalt waren über 331 Opfer zu beklagen, die meisten Kinder.

2.2.4 Mumbai / Indien

Bei den kombinierten Angriffen im November 2008 kam es zu 17 Explosionen sowie zum Einsatz von Schusswaffen und Geiselnahmen an über zehn verschiedenen Örtlichkeiten in der Stadt. Bei der über drei Tage anhaltenden Gewalt wurden 174 Menschen getötet und mindestens 239 verletzt.

2.2.5 Paris / Frankreich

Durch ein insgesamt zusammenhängendes Netzwerk von Terroristen des sogenannten Islamischen Staates wurden in einem zu Mumbai sehr ähnlichen Modus Operandi am 13. November 2015 in Paris 130 Menschen getötet und mindestens 352 verletzt. Hier wurden die Taktiken des Selbstmordanschlags, des Drive-by-Shootings sowie der terroristischen Massengeiselnahme verknüpft.

2.2.6 Brüssel / Belgien

Am 22. März 2016 kam es am Brüsseler Flughafen und in einer U-Bahnstation zu weiteren Sprengstoffanschlägen, bei denen 32 Menschen ums Leben kamen und mindestens 300 verletzt wurden. Auch hier führten die Täter am Flughafen ein Sturmgewehr mit, das jedoch nicht zum Einsatz kam.

2.3 Wie sieht die aktuelle Bedrohungslage in Deutschland aus?

Laut den Verfassungsschutzberichten 2015 und 2022 stehen linksextreme Gewaltdelikte der rechtsextremen Gewalt in nichts nach. Insgesamt sind die politisch motivierten Gewalttaten im Jahr 2015 um 40 Prozent gestiegen (vgl. Bundesministerium des Innern 2015).

Tab. 1: Politisch motivierte Kriminalität – Straftaten mit rechtsextremistisch motiviertem Hintergrund (vgl. Bundesministerium des Innern und für Heimat 2022)

Gewalttaten	2020	2021
Tötungsdelikte	1	1
Versuchte Tötungsdelikte	2	2
Körperverletzungen	842	783
Brandstiftungen	25	11
Herbeiführen einer Sprengstoffexplosion	2	1
Landfriedensbruch	18	7
Gefährliche Eingriffe in den Bahn-, Luft-, Schiffs- und Straßenverkehr	12	10
Freiheitsberaubung	1	1
Raub	7	3
Erpressung	12	7
Widerstandsdelikte	101	119
gesamt	**1.023**	**945**

Tab. 2: Politisch motivierte Kriminalität – Straftaten mit linksextremistisch motiviertem Hintergrund (vgl. Bundesministerium des Innern und für Heimat 2022)

Gewalttaten	2020	2021
Tötungsdelikte	0	0
Versuchte Tötungsdelikte	5	1
Körperverletzungen	423	362
Brandstiftungen	173	159
Herbeiführen einer Sprengstoffexplosion	2	7
Landfriedensbruch	321	147
Gefährliche Eingriffe in den Bahn-, Luft-, Schiffs- und Straßenverkehr	84	47
Freiheitsberaubung	0	0
Raub	15	17
Erpressung	1	4
Widerstandsdelikte	213	243
gesamt	**1.237**	**987**

Der Anteil islamischer Extremisten wird überwiegend durch salafistische Gruppierungen gestellt. Bundesweit sind etwa 29 islamistische Organisationen aktiv. Die Sicherheitsbehörden sehen sich Herausforderungen bzgl. möglicher Attentäter gegenüber: der des fanatisierten Einzeltäters, der unabhängig von Netzwerkstrukturen agiert, sowie radikalisierten Personen der zweiten und dritten Einwanderergeneration und radikalisierten Konvertiten („Homegrown"-Netzwerke). Gleichzeitig bilden kampferfahrene, psychisch wenig begleitete Personen aus den Kriegsgebieten ein zunehmendes Sicherheitsrisiko. Hervorzuheben sind die unbekannten Zahlen zu Al-Qaida oder IS-Gruppierungen.

Tab. 3: Personenpotenzial Islamismus/islamistischer Terrorismus[1] (vgl. Bundesministerium des Innern und für Heimat 2022)			
Organisationen	**2019**	**2020**	**2021**
– „Islamischer Staat“ (IS) – Kern-„Al-Qaida“ – „Al-Qaida im islamischen Maghreb“ (AQM) – „Jama'at Nasr al-Islam wal Muslimin“ (JNIM) – „Al-Qaida auf der Arabischen Halbinsel“ (AQAH) – „Al-Shabab“ – „Hai'at Tahrir al-Sham“ (HTS) – „Tanzim Hurras al-Din“ (THD) – „Taleban“	keine gesicherten Zahlen	keine gesicherten Zahlen	keine gesicherten Zahlen
Salafistische Bestrebungen	12.150	12.150	11.900
„Hizb Allah“	1.050	1.250	1.250
„Harakat Al-Muqawama Al-Islamiya“ (HAMAS)	380	450	450
„Hezb-e Islami-ye Afghanistan“ (HIA)	100	160	160
„Türkische Hizbullah“ (TH)	400	400	400
„Hizb ut-Tahrir“ (HuT)	430	600	600
„Muslimbruderschaft“ (MB)/„Islamische Gemeinschaft in Deutschland e. V.“ (IGD)	1.350	1.450	1.450
„Tablighi Jama'at“ (TJ)	650	650	550
„Islamisches Zentrum Hamburg e. V.“ (IZH)	Zahlen ungesichert	Zahlen ungesichert	Zahlen ungesichert
„Millî Görüs“-Bewegung und zugeordnete Vereinigungen	10.000	10.000	10.000
„Furkan Gemeinschaft“	350	400	400
„Kalifatsstaat“[2]	-	-	700
Sonstige[3]	1.160	1.205	330

[1] Zahlenangaben bezogen auf Deutschland und zum Teil geschätzt und gerundet.
[2] Die Anhängerzahlen wurden in den Vorjahren unter Sonstige erfasst.
[3] Weitere Organisationen, deren Mitglieder- und Anhängerzahlen im Islamismuspotenzial zu berücksichtigen sind.

Wie die Entwicklung gezeigt hat, ist auch Deutschland nicht vor Anschlägen mit Klingenwaffen (z.B. Regionalexpress bei Würzburg 2016, Regionalzug zwischen Kiel und Hamburg 2023) oder von Sprengstoffanschlägen (Essen/Ansbach 2016) verschont geblieben. Mehrere große Anschläge konnten dank der internationalen Zusammenarbeit der Sicherheitsbehörden und Nachrichtendienste verhindert werden.

Viele dieser Ermittlungen sind der Bevölkerung nicht bewusst, da keine Veröffentlichung durch die Medien stattfindet. Auch kleinere, nicht medienwirksame Lagen finden sich maximal in der Lokalpresse. Und zusätzlich werden häufig Sprengstofflager aufgefunden und Schusswaffenanschläge durchgeführt, selbstverständlich nicht nur aus dem terroristischen Umfeld, sondern auch durch Mitglieder der organisierten Kriminalität oder Einzeltäter. Aber – auch bei unterschiedlicher Zielsetzung – worin besteht der Unterschied in der Bewältigung dieser Lage?

Auch wird jedem Rettungsdienstmitarbeiter die spontane Unterstützung von Polizeieinsätzen bekannt sein – „mal eben" bei einem Einsatz des Spezialeinsatzkommandos helfen! Da drängen sich schnell Fragen auf: Wie viele Täter sind es? Wie sind sie bewaffnet? Besteht eine Gefahr für mich, wie muss ich mich verhalten? Kenne ich mich mit der taktischen Ausrüstung und Waffen der Polizeibeamten aus, falls ich diese versorgen muss? Welche Verletzungen kann ich erwarten – und viele weitere Fragen, die bereits im Vorweg beantwortet werden müssen.

Sind allein schon dadurch das Bewusstsein und die Sensibilität in Bezug auf solche „alltäglichen" Lagen geschärft, haben wir schon einen großen Schritt in Richtung Handlungskompetenz und Bewältigung großer Bedrohungslagen vollzogen. Dies kann selbstverständlich nicht nur durch die Lektüre von Literatur allein erreicht werden. Suchen Sie den

Kontakt zu lokalen Sicherheitsbehörden, üben Sie gemeinsam und besuchen Sie entsprechende Lehrgänge.

2.4 Erfahrungen aus den Terroranschlägen in Israel, Madrid, London, Oslo und Nizza

Die Ereignisse des 11. September 2001 sind für Bundesbehörden, Krankenhäuser und Rettungsdienste zum Katalysator geworden, ihre bestehenden Pläne hinsichtlich der Bewältigung von Schadensereignissen zu überdenken und diese an die neuen Anforderungen eines Massenanfalls von Verletzten anzupassen. Die extrem hohe Zahl von Toten und Verwundeten bei Zivilpersonen sowie Rettungskräften hat hier eine neue Größenordnung erreicht. Der Anschlag von New York spiegelt auch das Prinzip terroristischer Attentate wider: die gezielte Zerstörung öffentlicher Strukturen, die der Aufrechterhaltung des alltäglichen Lebens dienen. Die Anschläge von Madrid (2004), London (2005), Oslo (2011), Paris (2015) und Brüssel (2016) zeigen in aller Deutlichkeit, dass nun solche Ereignisse auch Einzug in europäische Nachbarstaaten halten und somit tendenziell auch eine erhöhte Gefährdung des eigenen Landes darstellen. Die Bandbreite der im Rahmen terroristischer Anschläge verwendeten „Hilfsmittel“ kann von einfachen Sprengsätzen mit hoher Sprengkraft bis hin zur Beteiligung von atomaren, biologischen sowie chemischen Kampfstoffen reichen. Als Beispiel kann der Anschlag auf die U-Bahn von Tokio (1995) mit dem Kampfstoff Sarin dienen. Die Bewältigung solcher Situationen erfordert nicht nur medizinisch qualifiziertes Personal, sondern auch, dass das Personal über die Besonderheiten, die terroristische Lagen mit sich bringen, informiert ist.

Neben dem „konventionellen“ Terrorismus ist der CBRN-Terrorismus (chemisch, biologisch, radio-nuklear) ebenfalls als Gefahr anzusehen. Realistischer jedoch sind konventionelle Anschläge, da billig und einfach auszuführen.

Sogenannte sekundäre Wirkungen (Gebäudeeinsturz nach Explosion beim World Trade Center) können die Wirkungen der primären Bombe übersteigen.

2.4.1 Israel

Konventionelle Anschläge oder Selbstmordanschläge (Sprengstoffgürtel um den Körper) sind technisch nicht sehr anspruchsvoll und verlangen sozusagen keine Strategien, um den Tatort fluchtartig zu verlassen, und können jeden treffen. Dies erscheint besonders grausam und sorgt für die besondere Medienaufmerksamkeit. Die schiitische Hisbollah, die palästinensische Hamas und der islamische Dschihad haben in der Vergangenheit solche Selbstmordanschläge mit Erfolg durchgeführt. Diese Anschläge, in geschlossenen Räumen (Busse, Einkaufsmarkt, Diskothek) durchgeführt, sorgen für eine hohe Sterblichkeit und viele Schwerverletzte.

2.4.2 Madrid / Spanien

Mehrere aufeinanderfolgende Anschläge auf den Zugverkehr in Madrid am 11. März 2004 forderten offiziell 191 Todesopfer und 2.051 Verletzte. Weitere Kofferbomben, die zeitversetzt zünden sollten, waren vermutlich für die Rettungskräfte bestimmt und konnten entschärft werden.

Es bestand große Gefahr für die Einsatzkräfte durch nicht detonierte Bomben in den Zügen. Trotz der Gefahr wurden die Waggons nach Verletzten durchsucht. Hier sollte in Zukunft ein paralleles Vorgehen von Polizei (Entschärfer) und Einsatzkräften erfolgen. In Israel ist dieses parallele Vorgehen von Militär, Polizei und Rettungsdienst „normal“. Die enge Abstimmung mit der Polizei muss erfolgen, da eine Attentatslage nach der unmittelbaren Schadensbekämpfung und Patientenversorgung eine typische Polizeilage ist. 177 Menschen starben an der Schadensstelle. 14 Patienten starben in den Krankenhäusern, allein 312 Patienten wurden zum nächstgelegenen Krankenhaus transportiert (vgl. Gutierrez de Ceballos et al. 2005). Weitere Probleme des Einsatzes in Madrid waren: vier simultane Anschläge sowie die Koordination von zwei Rettungsdiensten mit unterschiedlicher Organisation und abweichenden Protokollen. Zudem gab es Probleme mit privaten Rettungsdienstanbietern, lokaler und nationaler Polizei, dem Zivilschutz und Freiwilligen. Allgemeines Problem waren die Kommunikation und die Verletztenverteilung. Der Rettungsdienst war schnell vor Ort und transportierte die Patienten. Er verfügte über Erfahrung durch die ETA-Anschläge. Nicht durchgeführt wurden gemeinsame Übungen mit den Krankenhäusern. Diese waren auf „Selbsteinweiser“ nicht vorbereitet.

2.4.3 London / Großbritannien

So viele Opfer, wie der Bombenanschlag in London im Juli 2005 forderte, hat es in Großbritannien seit dem 2. Weltkrieg nicht gegeben. 775 Opfer mit 56 Toten waren zu beklagen, hiervon starben 53 bereits vor Ort. Die Bergung wurde zusätzlich durch den Umstand erschwert, dass in dem Tunnel der U-Bahn keine Funkverbindung möglich war und Rettungskräfte Fußmelder einsetzen mussten. Ein zügiger Abtransport von der Schadensstelle konnte erhebliche Schäden abwenden. 55 Patienten wurden rot bzw. gelb gesichtet, lediglich 20 Patienten wurden im Krankenhaus als kritisch gesichtet, dies entspricht einer „Zu-hoch-Sichtung“ von 60 Prozent, die geringe Sterblichkeit von 15 Prozent konnte durch eine wiederholte Sichtung erreicht werden. Ein weiteres Ergebnis war, dass trainierte Teams genauer sichteten als nicht trainiertes medizinisches Personal (vgl. Aylwin et al. 2006).

2.4.4 Oslo / Norwegen

Eines der Hauptprobleme beim Bombenanschlag in Oslo am 22. Juli 2011 mit acht Toten und 209 zum Teil schwer verletzten Patienten war die konkrete Sorge der Einsatzkräfte, dass ein weiterer Sprengsatz ausgelöst werden könnte. Daher wurden alle Patienten von den selbstständig gebildeten Patientenablagen schnellstmöglich aus dem Schadensraum gebracht. Die RTW hinter der Absperrgrenze bildeten die erste Struktur eines Behandlungsplatzes. Dieses Vorgehen (Behandlung vor Ort auf ein Minimum beschränken) ist für das zukünftige Management eines MANV nach einem Terroranschlag zu begrüßen (vgl. Sollid 2012). Somit wird die Gefahr für die Einsatzkräfte und unsere Patienten minimiert. Während der Anschläge in Paris 2015 wurde das Konzept der geschützten Patientenablage aus der taktischen Medizin erfolgreich umgesetzt. Die Einrichtung von Behandlungsplätzen ist bei potenziell unsicheren Lagen noch mehr zu hinterfragen.

2.4.5 Nizza / Frankreich

Am 14. Juli 2016, dem französischen Nationalfeiertag zur Erinnerung an die Erstürmung der Bastille 1789, nutzte ein Attentäter einen 19 Tonnen schweren Lastwagen, um an der Uferpromenade der französischen Riviera in Nizza in die feiernde Menschenmenge zu fahren. Trotz der hohen Sicherheitsmaßnahmen gelang es dem Fahrer, auf einer Strecke von knapp zwei Kilometern über 400 Menschen zu verletzen und 86 Fußgänger zu töten. Aufgrund der Terroranschläge von Paris im Jahr zuvor waren die Krankenhäuser durch Trainings besser vorbereitet und konnten die Lage strukturiert abarbeiten (vgl. Carles et al. 2016). Analog zu den Anschlägen des 11. September 2001 wurde hier ein Verkehrsmittel zur Waffe umfunktioniert, eine Verhinderung ist unmöglich.

2.4.6 Allgemeine Einordnung „Islamischer Staat“ und Al-Qaida

Die aktuellen Entwicklungen in Libyen, Syrien und im Irak sowie die Entstehung des sogenannten Islamischen Staates sind auch mit der Geschichte von Al-Qaida verbunden und wurden sogar durch einige geopolitische und strategische Handlungen des „Westens“ beeinflusst. Zum besseren Gesamtverständnis für die großen Zusammenhänge sollen diese hier in vereinfachter und gekürzter Form wiedergegeben werden:

1978 brach in Afghanistan ein Bürgerkrieg aus, bei dem die Kommunisten ein Jahr später durch den Einmarsch der Sowjetunion unterstützt wurden. Die muslimische Gegenseite wurde hingegen durch Saudi-Arabien und – durch den Kalten Krieg bedingt – die USA unterstützt. Ein großer Teil der muslimischen Welt sah den Einmarsch der Sowjetunion nicht nur als illegitimen Angriff auf den Staat Afghanistan, sondern vielmehr als Angriff auf die Religion des Islam und damit auch auf die gesamte Gemeinschaft der Muslime, unabhängig von deren Staatsangehörigkeit. Hierbei spielte auch der Faktor eine Rolle, dass Religion im Kommunismus abgelehnt wird. So sahen es viele nichtafghanische Gläubige als ihre Pflicht an, die Religion und ihre Gemeinschaft in Afghanistan mit Waffengewalt zu verteidigen. Einer dieser Gläubigen war auch Osama Bin Laden, der – wenn auch relativ spät – in die Region reiste, um sich den Mudschahedin anzuschließen. Dort kamen ihnen die Initiativen der USA und des Königreiches Saudi-Arabien zugute, die über den pakistanischen Nachrichtendienst Geld, Waffen und Ausbildungsunterstützung an die Kämpfer lieferten. Dass die Armee der Sowjetunion tatsächlich zurückgedrängt werden konnte und Afghanistan verlassen musste, wurde als großer Erfolg der Mudschahedin gewertet und Osama Bin Laden fasste den Entschluss, eine Gruppe bzw. Liste von Kämpfern aufzustellen, die gewissermaßen immer dann als „Speerspitze" in Konflikten dieser Welt eingreifen sollte, wann immer muslimische Glaubensbrüder in Bedrängnis gerieten. In der muslimischen Welt festigte sich darüber hinaus der Gedanke, dass es eine Pflicht sei, den gemeinsamen Glauben zu verteidigen, wann immer dieser angegriffen werde – unabhängig von Staat oder Kontinent.

Nach Stationen im Sudan und anderen Orten kam Osama Bin Laden schließlich wieder nach Afghanistan, wo zwischenzeitlich die Taliban die Macht ergriffen hatten. Auch in seinem Feindbild hatte sich einiges verändert: Er folgte nun Gelehrten, die erklärten, warum die muslimische Welt ehemals eine Blütezeit hatte und ein Weltreich umfasste, was dann kontinuierlich zusammenbrach: Die Gläubigen hatten sich einerseits wieder vom wahren Glauben abgewandt und ließen sich von westlichen Einflüssen verführen. Die westlichen Regierungen hätten andererseits in jedem muslimischen Staat „Marionettenregierungen" installiert, die lediglich dazu dienten, das Volk auszubeuten und den westlichen Mächten die Rohstoffe zu sichern; außerdem führe der Westen einen Kampf gegen den Islam. So galt es, sowohl den fernen Feind, den Westen, als auch die „Marionettenregierungen", den „nahen Feind", zu bekämpfen. So könne sich das Volk und die Gemeinschaft der Gläubigen aus eigener Kraft erheben und gewissermaßen am Ende aller Tage erneut ein gottgefälliges Großreich aufbauen. Bis dahin sei der bewaffnete Kampf die Pflicht jedes Gläubigen. Al-Qaida konnte in der Hochzeit überall dort Fuß fassen und Filialen aufbauen, wo der sunnitische Islam vorherrschte.

Am 11. September 2001 richtete sich die ehemalige Unterstützung der USA für Bin Laden endgültig gegen sie selbst. Anschließend begann der Einmarsch in Afghanistan, der die Verdrängung der Taliban als Gastgeber Bin Ladens einerseits und andererseits das Ergreifen Bin Ladens selbst zum Ziel hatte. Diese Intervention wurde von großen Teilen der Welt geduldet, anders als der Einmarsch der USA in den Irak im Jahr 2003. Dieser wurde wiederum von vielen als illegitimer Angriff auf ein muslimisches Land gewertet, nicht nur wegen der augenscheinlich schwachen Begründung, sondern auch, weil sich mehrere heilige Stätten des Islam im Irak befinden. Der spätere Gründer der Al-Qaida im Irak hatte jedoch bereits längere Zeit vor der tatsächlichen Offensive fest damit gerechnet, dass die USA in den Irak einmarschieren würden und bereitete seine Organisation und sein Netzwerk darauf vor. Die Einsetzung einer schiitischen Regierung unter Nuri al-Maliki hatte starke Repressionen gegenüber der sunnitischen Bevölkerung zur Folge, was durch die Internierung von großen Personenmengen noch verstärkt wurde. In den Internierungslagern, wie zum Beispiel Camp Bucca, radikalisierten sich immer mehr Sunniten gegen die nun schiitische Regierung und ihre Verbündeten, die USA.

Der sogenannte arabische Frühling – treffender wäre „Arabellion" – entstand als Protest der Bevölkerung gegen die autokratischen Regierungen der jeweiligen Länder und begann in Tunesien. Auch innerhalb der Al-Qaida wurde dies als Gelegenheit wahrgenommen, dass nun der Zeitpunkt gekommen war, mit der breiten Unterstützung des Volkes gegen den „nahen Feind" zu kämpfen. Besonders hervorzuheben ist der daraus entstehende Bürgerkrieg in Libyen, bei dem die NATO zusammen mit anderen Ländern wie beispielsweise Jordanien, Katar und den Vereinigten Arabischen Emiraten die Opposition gegen die Regierung von Gaddafi unterstützte und maßgeblich zu deren Niederlage beitrug. Hieraus entwickelte sich jedoch ein neuer Konflikt: Teile der Tuareg, eigentlich ein Nomadenvolk, waren unter Gaddafi in dessen Militärstrukturen eingebunden. Durch die drohende Niederlage sahen sie die Gelegenheit gekommen, in den Wirren des Konfliktes einen eigenen Staat zu gründen. Hier fiel die Wahl auf den nördlichen Teil Malis, den Azawad, der mit Allianzen verschiedener islamistischer Extremistengruppen wie Ansar Dine, aber auch der Al-Qaida im islamischen Maghreb, tatsächlich erobert wurde. Dieser „Fallout" war so nicht beabsichtigt und machte eine weitere Militärintervention und bis heute andauernde Stabilisierungsmission in Mali notwendig. In Libyen hat sich entgegen den Hoffnungen die Lage auch nicht verbessert, der Bürgerkrieg mit einer Vielzahl von Parteien dauert bis heute an.

Als die Proteste der „Arabellion" auch in Syrien gegen die Regierung von al-Assad begannen, hatten die Protestierenden nach den ersten Eskalationen die Hoffnung, dass der Westen ebenso starke Luftunterstützung gegen die Regierung entsenden würde. Abgeschreckt von dem Fallout in Libyen bzw. Mali, blieb diese jedoch aus. Die schiitische Regierung von Assad wird durch den Iran unterstützt, der auf einen Machterhalt der Schiiten in der Region hofft. Ebenso beteiligt sich die Russische Föderation auf Seiten der Regierung an dem Konflikt. Auf der Gegenseite stehen hauptsächlich arabische Länder sunnitischer Prägung, die bereits in den früheren Phasen des Konfliktes auf eine gezielte Unterstützung sunnitischer Gruppen gesetzt haben. Hierdurch wurden die ehemals säkularen und demokratieorientierten Gruppen wie die ursprüngliche „Freie Syrische Armee" kontinuierlich degradiert, sodass die Kämpfer zu den besser ausgestatteten, religiös geprägten Gruppen überliefen. Auch die Al-Qaida im Irak entsandte eine Gruppe mit eigenständiger Führung nach Syrien, die zunächst nicht unter diesem Namen auftrat. Sie war sehr erfolgreich und konnte sich nicht nur auf dem Schlachtfeld, sondern auch in der Kooperation mit anderen Gruppierungen bewähren. Allerdings wollte der Anführer der Al-Qaida im Irak später diesen Erfolg auch offiziell für sich beanspruchen, weshalb er proklamierte, dass diese Gruppe nicht nur zu der Al-Qaida im Irak gehörte, sondern nunmehr komplett in ihr aufgehen sollte und die Organisation nun „Al-Qaida im Irak und Sham" heißen solle. Die hieraus entstehenden Streitigkeiten konnten nicht einmal vom Kopf der gesamten Al-Qaida beigelegt werden, was zur Folge hatte, dass sich die Al-Qaida im Irak von der gesamten Al-Qaida trennte, sich in „Islamischer Staat" (IS) umbenannte und Mitte 2014 nach erheblichen Geländegewinnen im Irak und Syrien das „Kalifat" ausrief. Bis heute sind diese beiden Gruppen miteinander verfeindet und bekämpfen sich gegenseitig. Gegen den sog. Islamischen Staat kämpfen nicht nur Al-Qaida und weitere islamistische Gruppen, sondern auch kurdische Kräfte, die z. T. durch die USA und im Irak sogar durch Deutschland unterstützt werden. Auch Anrainerstaaten wie die Türkei kämpfen gegen den sogenannten IS, wobei die Türkei jedoch auch bemüht ist, gleichzeitig die kurdischen Erfolge einzudämmen, um die Entstehung eines eigenständigen kurdischen Gebietes analog dessen im Nordirak zu verhindern. In anderen Gebieten der Welt konnte auch der sogenannte IS nahezu überall dort aktiv werden, wo bislang Al-Qaida Filialen aufgebaut hatte; fallweise sind auch Teile von Al-Qaida-Gruppen zum sogenannten IS gewechselt. Auch im destabilisierten Libyen ist dies der Fall, sodass selbst bei militärischen Erfolgen in Syrien bzw. im Irak das Gesamtphänomen und die resultierende Gefährdung noch lange existent bleiben werden.

2.4.7 Schlussfolgerung

Im Hinblick auf zukünftige Anschläge ist mit einer Verfeinerung der Taktiken und Techniken zu rechnen. Um auf simultane Anschläge auf Züge, U-Bahnen oder Veranstaltungen vorbereitet zu sein, muss eine interdisziplinäre Vorgehensweise und Ausbildung entwickelt werden.

2.5 Phänomen Amok – Erfahrungen aus vergangenen Ereignissen

Amok (malaiisch: meng-âmok – „in blinder Wut angreifen und töten“) ist eine psychische Extremsituation, die mit Unzurechnungsfähigkeit und absoluter Gewaltbereitschaft einhergeht. Ab dem 17. Jahrhundert erreichte die Bezeichnung den westlichen Kulturkreis, insbesondere durch europäische Berichterstatter wie z.B. Captain Cook, aber immer in Verbindung mit der malaiisch-indonesischen Kultur. Im europäischen Sprachgebrauch wurde die Bezeichnung bis heute erweitert und gilt inzwischen synonym für blindwütige Aggression mit oder ohne Todesopfer (vgl. Jansch 2010, Robertz 2004, Robertz und Wickenhäuser 2010).

Heute wird die Bezeichnung hauptsächlich für Taten benutzt, die im Gegensatz zu Taten aus den letzten Jahrhunderten keineswegs ungeplant und spontan sind. Vielmehr sind Amokläufe heute größtenteils mit einer langen und zum Teil akribischen Tatplanung verbunden, in der sich der Täter den Ablauf und die Mittel genau überlegt. Innerhalb dieser Planungsphase wird das eigentliche Ereignis gelegentlich auch in der Form des sogenannten „Leakings“ diskret angekündigt, z.B. in Internetforen, Tagebüchern oder als veröffentlichtes Video (wie im Amokfall von Emsdetten). Der eigene Tod wird vom Täter dabei zumindest billigend in Kauf genommen oder steht als erweiterter Suizid im Vordergrund, weshalb auch Verhandlungen oder sinnvolle Ansprachen während der Tat nicht möglich sind. Im amerikanischen Sprachgebrauch hat sich für einen Amoklauf an einer Schule bzw. einer Bildungseinrichtung die Bezeichnung „School Shooting“ etabliert (vgl. Jansch 2010, Robertz 2004, Robertz und Wickenhäuser 2010).

2.5.1 Erfahrungen aus dem Amoklauf von Erfurt

Beim Amoklauf von Erfurt am 26. April 2002 wurde von der Polizei gemäß den damals lautenden Vorschriften das Tatobjekt – das Gutenberg-Gymnasium – abgesperrt und auf das Spezialeinsatzkommando (SEK) gewartet. Hierdurch konnte der Täter weiter ungestört vorgehen und insgesamt 16 Menschen (zwölf Lehrer, eine Sekretärin, zwei Schüler und einen Polizisten) töten, wobei die eigentliche Tat vom ersten Schuss bis zur Selbsttötung ungefähr 20 Minuten dauerte. Die medizinische Hilfe erreichte die Verletzten jedoch viel später, nachdem das Spezialeinsatzkommando erst einige Gebäudeteile durchsucht hatte. Hier konnte bei vielen Personen nur noch der Tod festgestellt werden, auch wenn einige nicht eindeutige Zeugenaussagen nahelegen, dass alle Verletzten immerhin einen gewissen Zeitraum überlebt haben sollen (vgl. Freistaat Thüringen 2004, o. A. 2004).

Als Konsequenz wurde das künftige Vorgehen geändert. Demnach sind die ersteintreffenden Streifenbeamten in der Pflicht, als sogenanntes Kontaktteam, auch unter hohem Risiko, in das Gebäude zu gehen und den Täter zu stoppen. Dies kann entweder als Zweier- oder Viererteam in einer bestimmten Formation der Fall sein. Das Kontaktteam hat die alleinige Aufgabe, sich in Richtung des oder der Täter zu bewegen und sein/ihr Handeln zu unterbinden. In den nahezu gleichlautenden Erlassen der Innenministerien der Länder zur Bewältigung von Amoklagen findet sich neben dem Kontaktteam als Bezeichnung auch das sogenannte Rettungsteam. Man erachtet grundsätzlich die Maßnahmen zur Festsetzung des Täters und der Rettung von Betroffenen als gleichrangig, weshalb auch ein medizinisches Rettungsteam möglichst zeitgleich zum Kontaktteam eingesetzt werden sollte. Die Interpretation, wie ein Rettungsteam aufgebaut sein soll und nach welchen Grundsätzen es handelt, waren in der Vergangenheit Gegenstand angestrengter Diskussionen (s. Kap. 5.2). Das Konzept des Kontakt- bzw. Zugriffsteams, das in der Regel durch Polizisten des Einzeldienstes („Streifendienst") gebildet wird, ist derzeit in Deutschland flächendeckend als sofortige Interventionsmaßnahme bei Amoklagen ausgebildet. Zum Teil erhielt der Einzeldienst der Polizei zu diesem Zweck auch neue, verbesserte Schutzausstattungen (vgl. Jansch 2010, Ziehm 2006, Bäcker und May 2012, Rieger 2010). In einzelnen Bundesländern wurden diese im Zuge der Vorbereitungen auf Terrorismus nochmals ergänzt, z.B. mit ballistischen Schutzhelmen und Zusatzmodulen für die ballistische Schutzweste.

2.5.2 Erfahrungen aus dem Amoklauf von Winnenden

Beim Amoklauf von Winnenden wurde das Konzept der sofortigen Intervention angewendet. Als der Täter gegen 9.30 Uhr die Albertville-Realschule betritt und mit einer Selbstladepistole auf Schüler und Lehrer schießt, entsendet die Polizei nach drei Minuten zwei Funkstreifenwagenbesatzungen zum Tatobjekt. Als diese nach weiteren drei Minuten ankommen und unverzüglich in das Gebäude gehen, ergreift der Täter die Flucht. Auf seiner Flucht erschießt er zwei weitere Menschen und zwingt einen Autofahrer, ihn

Richtung Wendlingen zu fahren. Der Fahrer entkommt nach einem Bremsmanöver, wonach der Täter zu Fuß in ein Industriegebiet flüchtet, wo er in mehrere Schusswechsel mit der Polizei verwickelt wird und sich schließlich selbst tötet. Insgesamt gibt er in dieser hochdynamischen und mobilen Einsatzlage 112 Schüsse ab, tötet 15 Menschen und verletzt weitere elf (vgl. o.A. 2009a). Dieses Beispiel zeigt deutlich, wie sich Sicherheitsbereiche und taktische Bereichseinteilungen (heiße/warme/kalte Zone, s. Kap. 4.2) äußerst schnell ändern können und sich Einsatz- wie Führungskräfte mit solchen Konzepten von taktischen Zonen vertraut machen müssen, um im Ernstfall schnell reagieren zu können (vgl. Jansch 2010).

2.5.3 Erkenntnisse aus den Amokläufen von Emsdetten und Ansbach

Am 20. November 2006 fuhr der 18-jährige Bastian B. mit einem Pkw gegen 9.20 Uhr an der Geschwister-Scholl-Realschule in Emsdetten vor, was mit der Pausenzeit zusammenfiel, die um 9.18 Uhr begann. Zum Tatbeginn hielten sich aus diesem Grund viele Personen auf dem Pausenhof und auf den Gängen auf. Nachdem er sich eine Weste und eine Atemschutzmaske übergezogen hatte, begab er sich in den oberen Schulhofbereich, wo er bereits die ersten Spreng- und Rauchkörper zündete. Im weiteren Verlauf verletzte der Täter durch die mitgeführten Sprengmittel und Schusswaffen mehrere Personen zum Teil schwer. Die Rauchentwicklung war so stark, dass eine größere Personengruppe Rauchvergiftungen erlitt, zu der auch die Polizeivollzugsbeamten der ersteintreffenden Funkstreifenwagen sowie des SEK Münster gehörten. Da am Körper des Täters noch mehrere Sprengkörper (unkonventionelle Spreng- oder Brandvorrichtung, USBV) ersichtlich waren, mussten Entschärferkräfte angefordert werden, die im weiteren Untersuchungsverlauf auch gefährliche Stoffe im Pkw des Täters sowie in dessen Wohnung Hinweise auf den Umgang mit brisanten Chemikalien fanden (vgl. Robertz und Wickenhäuser 2010, Kruse 2006, Böcking 2006).

Mehrere Umstände sollen besonders hervorgehoben werden: Der Notruf, der in der Leitstelle der Polizei einging, transportierte nicht sofort das eigentliche Ausmaß der Tat, obwohl mehrere eindeutige Hinweise enthalten waren (Pistole, Sprengkörper, Maske). Weiterhin soll die Verwendung von Sprengmitteln (USBV) bei diesem Amoklauf unterstrichen werden. Der Täter führte insgesamt über ein Dutzend Rohrbomben mit, die er nur zum Teil umsetzen (explodieren) ließ. Da Bauart und Zusammensetzung solcher USBV fast nie bekannt sind, sind diese Gegenstände äußerst handhabungsunsicher und können nur von Spezialisten eingeschätzt werden. Da auch die Positionen der Sprengmittel im Gebäude nicht bekannt sind, muss das Gebäude zunächst vollständig durchsucht werden, bis es als „sicher“ gelten kann. Weiterhin hervorzuheben sind die am Vorabend der Tat im Internet veröffentlichten Videos und die sichergestellten Tagebücher, die die umfangreiche Tatvorbereitung dieses Amoklaufs zeigen, sowie das Durchsickern von Warnhinweisen im Tatvorfeld (das „Leaking“).

Am 17. September 2009 betrat ein 18-jähriger Schüler des Gymnasiums Carolinum in Ansbach mit mehreren Messern, einem Beil und Molotowcocktails bewaffnet das Gebäude. Nachdem er einen Brandsatz in ein Klassenzimmer geworfen hatte, schlug er mit dem Beil auf die flüchtenden Schülerinnen und Schüler ein. Der Täter schloss sich zwischenzeitlich in einer Toilette ein. Als die ersteintreffenden Polizeikräfte zu ihm vordrangen, bedrohte er sie mit einem Messer, woraufhin ein Polizist in Notwehr das Feuer eröffnete und mehrere Schüsse in Arm, Bauch und Brust abgab. Der Täter hat überlebt und befindet sich in unbefristeter psychiatrischer Behandlung (vgl. Diehl 2009, o. A. 2009b).

Charakteristisch für diesen Amoklauf ist, dass es keiner Schusswaffen bedurfte, um das Vorhaben in die Tat umzusetzen. Letztlich wird der Wille der Täter – unabhängig von Verboten und Gesetzen – immer dazu führen, sich Tatmittel zu beschaffen. Dabei werden Sprengmittel oder Brandbomben, wie sie bereits beim Schulmassaker von Littleton (Amoklauf an der Columbine High School, 20. April 1999) eingesetzt werden sollten – aber technisch versagten (vgl. Jansch 2010, Robertz 2004, Robertz und Wickenhäuser 2010) – eine immer größere Rolle spielen, was die Schutz- und Rettungskräfte in äußerst gefährliche und vollkommen unbekannte Lagen versetzt, die mit den herkömmlichen Prinzipien zur Bewältigung von Großereignissen nicht adäquat bewältigt werden können.

2.5.4 Erkenntnisse aus dem Amoklauf in Halle/Saale 2019

Am höchsten jüdischen Feiertag ereignete sich ein zum Glück schlecht geplanter Anschlag: Der Attentäter versuchte, am Jom Kippur bewaffnet in die Synagoge von Halle einzudringen, indem er den Eingangsbereich mit USBV bewarf und darauf schoss. Seine Waffen hatte er im 3D-Drucker selbst gebaut. Es gelang ihm nicht, in die Synagoge einzudringen, jedoch erschoss er eine Passantin und anschließend einen Gast eines nahegelegenen Dönerimbiss. Auf der folgenden Flucht verletzte er weitere unbeteiligte Passanten mit seinen Schusswaffen und konnte nach einem Verkehrsunfall gefasst werden. Die Tat wurde via Helmkamera als Livestream ins Internet übertragen.

Besonders an diesem Amoklauf waren die im Internet angekündigte und virtuell nachvollziehbare Vorbereitung des Täters, eine „Gamification" des Terrors (Inszenierung des Amoklaufs mit typischen Elementen von Computerspielen) mit Online-Übertragung des Amoklaufs sowie die selbst gebauten Waffen. Für den Rettungsdienst bleibt die Erfahrung einer äußerst dynamischen Lage, da der Attentäter im Tatverlauf zur Synagoge zurückkehrte (vgl. o. A. 2019). Es bleibt abzuwarten, inwiefern Künstliche Intelligenz die Ermittlungsbehörden künftig unterstützen kann, indem sie kriminelle/terroristische Aktivitäten identifiziert, analysiert und verhindert.

3 Explosions-, Schuss- und Stichverletzungen

3.1 Schussverletzungen

Generell sind Schussverletzungen – im Grunde erfreulich – in Deutschland nicht an der Tagesordnung (vgl. Deutsche Gesellschaft für Unfallchirurgie 2022b, Martin und Spies 2023). Deshalb existiert jedoch auch wenig Erfahrung im regulären Rettungsdienst mit diesem speziellen Verletzungsmuster und sogar in der Literatur finden sich ab und zu fehlerhafte Angaben.

Grundsätzlich werden Schusswaffen in Kurzwaffen (z.B. Pistolen, Revolver) und Langwaffen (Büchsen und Flinten) unterschieden. Durch immer neuere Konzepte gibt es jedoch auch Überschneidungen und Ausnahmen – wie auch im Bereich der Munition: Geschosse aus Kurzwaffen fliegen allgemein mit geringerer Geschwindigkeit als Projektile aus Langwaffen (vgl. Kneubuehl 2008).

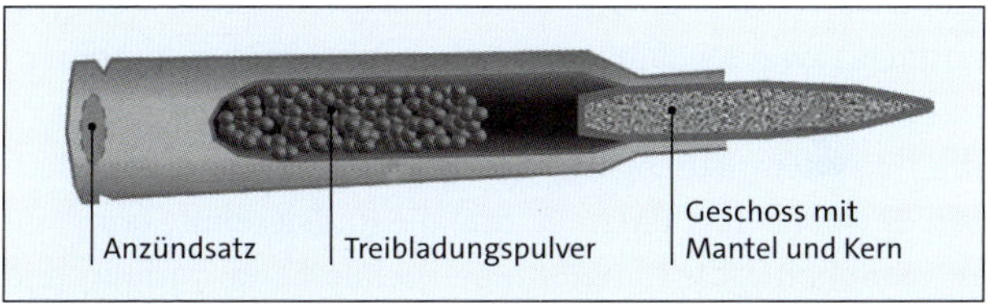

Abb. 1 ▶ Hülsenschnitt: vereinfachte Darstellung einer Langwaffenpatrone

Patronen bestehen – von einigen Sonderkonstruktionen abgesehen – in der Regel aus einem Geschoss, das sich häufig aus einem Kern (z.B. Blei) und einem Geschossmantel (z.B. Kupfer) zusammensetzt. Dieses Geschoss sitzt im oberen Teil der Patrone und wird durch die Hülse festgehalten. Unterhalb des Geschosses werden einige Hülsen breiter, um größere Mengen des Treibladungspulvers aufzunehmen – dies ist bei vielen Langwaffenpatronen der Fall. Auch hier gibt es jedoch Sonderfälle, in denen ähnliche Patronenformen auch bei Kurzwaffen vorkommen können. Am Boden der Hülse befindet sich das Zündhütchen bzw. der Anzündsatz, der aus schlagempfindlichem Explosivstoff besteht und durch den Schlagbolzen der Waffe gezündet wird. Der Anzündsatz leitet die Verbrennung an das Treibladungspulver weiter und durch die Gasausdehnung wird das Geschoss aus dem Patronenlager in den Lauf gedrückt.

Die Verletzungen, die durch die Geschosse hervorgerufen werden, sind allerdings von sehr vielen Faktoren abhängig: von der kinetischen Energie (Masse mal Geschwindigkeit im Quadrat), die auch vom Abstand abhängig ist, der Konstruktion des Geschosses (Form, Material, Verhalten) und der Rotation oder der Gierung. Deshalb können an dieser Stelle wiederum als Überblick nur einige Grundlagen beschrieben werden: Neben der kinetischen Energie ist die Fläche wichtig, die für eine Übertragung der Energie zur Verfügung steht. Durch diese Energieübertragung entstehen, stark vereinfacht, zwei Mechanismen: ein spitzes bzw. penetrierendes Trauma, die permanente Wundhöhle („Schusskanal"), die nach dem Durchgang des Geschosses einen dauerhaften Gewebedefekt darstellt, und die (pulsierende) temporäre Wundhöhle, die radial um den Schusskanal verläuft und ein stumpfes Trauma darstellt, das benachbartes Gewebe dehnt und ggf. zerreißen lässt. Sie fällt kurz nach dem Geschossdurchgang wieder in sich zusammen. Dieser Vorgang ist nicht – wie durch vermutliche Übersetzungsfehler in anderen Büchern zu lesen – der physikalische Vorgang der Kavitation (vgl. Kneubuehl 2008, Jansch 2010).

Um die Fläche, die zur Energieübertragung zur Verfügung steht, zu erhöhen und damit größere Verletzungen zu verursachen, nutzt man zwei weitere Mechanismen: die kontrol-

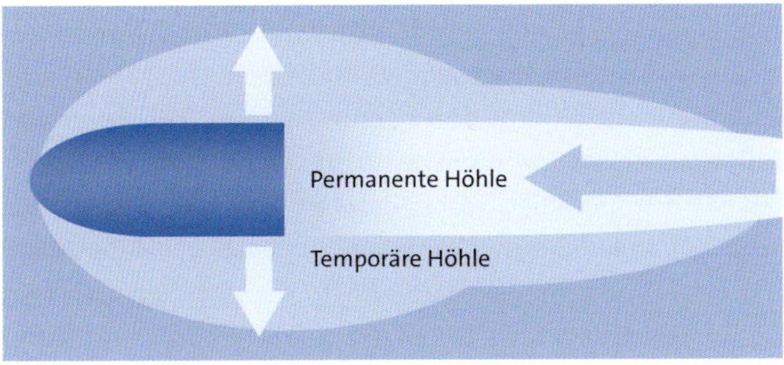

Abb. 2 ▶ Höhlenbildung im Rahmen einer Schussverletzung

lierte Deformation („Aufpilzen") durch ein speziell konstruiertes Geschoss oder die Zerlegung des Projektils in mehrere Teile. Beides kann entweder bereits in der industriellen Fertigung verbaut oder erst durch den Nutzer manipuliert werden, indem z.B. nachträglich der Geschossmantel an der Spitze oder die Spitzen als solche abgefeilt werden (umgangssprachlich „Dum-Dum"-Geschoss) (vgl. Kneubuehl 2008).

Eine große Besonderheit von Schussverletzungen ist die Zerstörung von tiefliegendem Gewebe. Allgemein ist dem Rettungsfachpersonal nicht bewusst, dass es besonders bei Deformationsgeschossen zu größeren temporären und permanenten Wundhöhlen kommen kann, in denen wesentlich

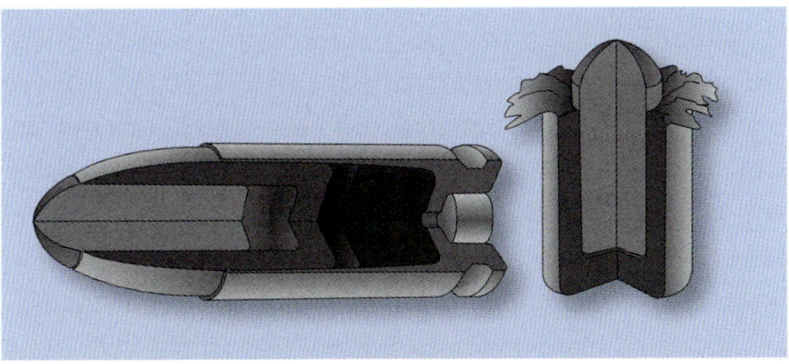

Abb. 3 ▶ Deformationsgeschoss (wenig verformte Munition, es existieren auch extremere Formate)

mehr Gewebe zerstört wurde, als es die Eintrittswunde vermuten lässt. Die tiefliegenden Wundhöhlen erschweren eine Blutungskontrolle mit den herkömmlichen Methoden und Mitteln des Rettungsdienstes. Zum Teil müssen diese Höhlen erst mit speziellen Verbandstoffen „gepackt" werden, um eine effektive Blutungskontrolle zu gewährleisten. Durch das extrem seltene Vorkommen von Schussverletzungen ist der Rettungsdienst hierfür allgemein nicht ausgestattet und ausgebildet (vgl. Jansch 2010). Hinzu kommt, dass zum Teil Gewebeanteile durch ein Vakuum in die Eintrittswunde gesaugt werden und die darunter liegende Wundhöhle verdecken (vgl. Kneubuehl 2008). Ohne entsprechende Kenntnis wird die Wunde unter Umständen als weniger tief bewertet und eine tiefer liegende Blutungsquelle womöglich zunächst übersehen. Daher muss der Verletzte unverzüglich einer chirurgischen Behandlung zugeführt werden!

3.2 Explosionsverletzungen

Traumata durch Explosionen werden außerhalb von Kriegen selten gesehen und resultieren meist in komplexen Verletzungsmustern aus stumpfen und penetrierenden Traumata sowie Hitzeschäden (vgl. Schmidbauer et al. 2010, Wightman und Gladish 2001). Betrachtet man die terroristisch motivierten Anschläge der Vergangenheit, erkennt man, dass das Bombenattentat die bevorzugte Art der Durchführung ist. Mit geringem finanziellem und materiellem Aufwand wird eine hohe Anzahl von Verletzten und Toten erreicht (vgl. Wolf et al. 2009). Zum besseren Verständnis werden die Arten der Verletzungen dem zeitlichen und physikalischen Ablauf einer Explosion zugeordnet (vgl. Hauschild, Voß und Wirtz 2006).

3.2.1 Primäre Explosionsverletzungen (Überdruck)

Diese Verletzungen werden durch die Schockwelle erzeugt. Besonders betroffen sind luftgefüllte Organe wie zum Beispiel der Magen-Darm-Trakt, das Mittelohr und die Lunge. Diese Art der Verletzung ist bei Explosionen innerhalb von geschlossenen Räumen deutlich häufiger, da die Druckwelle von der soliden Begrenzung (Buskarosserie, Mauerwand) reflektiert wird und sich verstärkt.

Während ballistische Westen einen Schutz gegen Splitter bieten können (sekundäre Explosionsverletzungen), besitzen sie keine protektive Wirkung zur Vermeidung von Primärverletzungen.

Einige Verletzungsarten sollen näher erläutert werden:

Ohr:
Eine Trommelfellruptur kann als Indikator bei Verdacht auf eine stattgehabte Explosion dienen. Ein Ausbleiben dieser Zerreißung schließt allerdings die Exposition einer Druckwelle nicht aus. Der Patient kann über Ohrgeräusche, Schmerzen im Ohr oder Hörverlust klagen und ein Austritt von Blut aus dem Gehörgang kann sichtbar sein. Patienten können aufgrund des Barotraumas Anweisungen nicht verstehen und unter Umständen falsch gesichtet werden.

Lunge:
Durch die Auswirkungen des Drucks kann es zu einer Lungenkontusion, einer Hämorrhagie in der Lunge, einer Ruptur der Alveolen und zu einem Lungenödem kommen. Der Patient kann über Brustenge und Schmerzen im Thorax berichten, auch Hämoptyse/Hämoptoe, Tachy- und Dyspnoe oder andere Zeichen einer Einschränkung der Atmung

können sichtbar sein. Denken Sie an die Möglichkeit eines (Spannungs-)Pneumothorax.

Neurologie:
Neben Hämatomen der Hirnhäute (subdural, subarachnoidal) führen intrazerebrale Blutungen durch Zerreißung von Gefäßen, aber eventuell auch eine Gasembolie durch die Lungenkontusion zu neurologischen Ausfällen. Bedenken Sie, dass diese Verletzungen nicht so offensichtlich sind wie die folgenden, aber dennoch eine vitale Bedrohung darstellen.

3.2.2 Sekundäre Explosionsverletzungen (Splitter)

Hierbei handelt es sich um Traumata, hervorgerufen durch Splitter aus der Umgebung, Fragmente und Material, das am Sprengsatz absichtlich mitverbaut wurde (Stahlkugeln, Muttern, Schrauben, Nägel usw.). Die in diesem Zusammenhang entstehenden ballistischen Wundverletzungen können alle möglichen Arten penetrierender Traumata aufweisen, die bereits im Kapitel über Schussverletzungen beschrieben sind. Auch hier gilt, dass nicht zwingend aufgrund der Eintrittswunde Rückschlüsse auf das Ausmaß innerer Verletzungen gezogen werden können, und somit ein zügiger Transport angezeigt ist.

3.2.3 Tertiäre Explosionsverletzungen (Kinematik)

Hierunter werden stumpfe oder penetrierende Traumata durch Sturz oder Aufprall des Körpers zusammengefasst. Frakturen und Amputationen werden ebenso dazu gezählt. Dieses Verletzungsmuster entspricht dem Polytrauma, das im Rettungsdienst bekannt ist.

3.2.4 Quartäre Explosionsverletzungen (Temperatur, Gifte)

Es können durch die entstehende Hitze und Brände Verbrennungen und Inhalationstraumata entstehen. Auch zählen hierzu Verschüttungen mit konsekutivem Kompartmentsyndrom, Rhabdomyolyse und akutem Nierenversagen. Sollte die Explosion mit giftigen Stoffen versetzt sein (atomare, biologische oder chemische Zusatzstoffe), entfalten sie in dieser Phase ihre volle Wirkung.

Wie oben bereits angeführt, sind die primären Verletzungen lebensbedrohlich und können bei anderen traumatischen Wunden leicht übersehen werden. Es besteht ebenfalls die Möglichkeit, dass die Symptome erst langsam offensichtlich werden und daher eine Überwachung bis zu 48 Stunden erforderlich ist. Damit sollte – wenn möglich – bereits in der Patientenablage begonnen werden.

3.3 Gefahren durch sprengfähige Stoffe und Gegenstände

Dieser Beitrag soll der Sensibilisierung des Rettungspersonals dienen. Die Entscheidung, ob es sich bei einem Gegenstand um Sprengstoff handelt oder nur um eine Attrappe, ist einzig von Fachpersonal zu treffen. Die Rettungskräfte sind ebenfalls nicht befähigt, Entschärfungsmaßnahmen durchzuführen.

3.3.1 Konventionelle Sprengstoffe (gewerblich oder militärisch)

Konventionelle Sprengstoffe weisen eine hohe Handhabungs- und Transportsicherheit auf, die unter anderem durch spezielle Prüfverfahren sichergestellt wird. Gewerbliche zivile Sprengstoffe werden überwiegend im Berg- und Tunnelbau, als Schneidladung für Metalle, sowie zur Eis- und Lawinensprengung verwendet. Sie können in fester, pulveriger, flüssiger oder gelantinöser Form bzw. als Emulsionssprengstoffe auftreten. Militärische Sprengstoffe wie TNT, Semtex oder Oktogen (HMX) werden in Granaten, Bomben, Minen usw. eingesetzt. Ferner enthalten Treibsätze für Munition ebenfalls explosionsfähige Stoffe (vgl. Klapötke 2009, Köhler und Meyer 2009).

3.3.2 Unkonventionelle Spreng- und Brandvorrichtungen

Unter einer unkonventionellen Spreng- und Brandvorrichtung (USBV) versteht man entweder eine selbst hergestellte oder eine veränderte bzw. missbräuchlich benutzte gewerbliche oder militärische Vorrichtung, die eine Explosion und/oder einen Brand herbeiführen kann. Im internationalen Sprachgebrauch werden unkonventionelle Spreng- und Brandvorrichtungen als Improvised Explosive Device (IED) bezeichnet (vgl. McFate 2005).

Aufgrund der Kreativität der Täter und der Verfügbarkeit von teilweise stark miniaturisierten elektronischen Komponenten sind USBV häufig nicht ohne Weiteres erkennbar und bewusst als Gegenstände des alltäglichen Gebrauchs getarnt. Neben dem bekannten klassischen Sprengstoffgürtel können USBV auch anderweitig am oder sogar im menschlichen Körper versteckt werden. Die Umsetzung (Explosion und/oder Brand) kann durch Fernsteuerung, Zeitablauf oder vordefinierte Ereignisse sowie Umgebungsbedingungen wie Licht, Schall, Druck und Bewegung ausgelöst werden. Daher ist jederzeit mit einer Umsetzung zu rechnen. Zudem sind die verwendeten Sprengstoffe zum Teil unter nicht industriellen Bedingungen hergestellt, sodass zusätzliche Risiken bestehen können.

3.3.3 Selbstlaborate

Unter „Selbstlaborate" versteht man unkonventionelle explosive Stoffe, die oft durch den Hobbychemiker im Küchenlabor hergestellt werden. Diese sind chemisch sehr instabil und können bereits durch Wärme, leichten Stoß, Reibung oder durch elektrostatische Vorgänge zur Umsetzung gebracht werden. Die erforderlichen Ausgangsstoffe sind teils kostengünstig und leicht zu beschaffen. Auch gewöhnliche Haushaltschemikalien dienen Hobbychemikern als Grundlage für Eigenkreationen. Das Internet bietet eine große Plattform mit Informationen und Rezepten zum Nachahmen. Derzeit erfreut sich die Substanz TATP einer besonderen Beliebtheit in der Szene der Hobbychemiker. Diese Substanz mit einer kristallinen Erscheinung, eventuell in Verbindung mit einer Flüssigkeit, ist hochempfindlich. Selbst das Bewegen oder das Öffnen des Behälters kann zur Explosion führen. Unter die Definition „unkonventioneller Sprengstoff" fallen auch selbst hergestelltes Schwarzpulver oder Mischungen aus delaborierten pyrotechnischen Sätzen mit anderen Chemikalien.

3.3.4 Verhalten bei Verdacht auf USBV oder Selbstlaborat

Jeder verdächtige Gegenstand ist so lange als gefährlicher Gegenstand anzusehen, bis die Ungefährlichkeit eindeutig durch Spezialkräfte nachgewiesen ist!

- Den verdächtigen Gegenstand oder Stoff nicht berühren oder in der Lage verändern. Ein Übersteigen sollte ebenfalls vermieden werden.
- Die entsprechende vorgesetzte Stelle bzw. direkt die zuständige Polizeibehörde informieren; diese wird weitere Schritte einleiten.
- Jede Information zur Lage, Struktur oder zum Stoff bzw. zum Gegenstand sowie ggf. Skizzen, Notizen, Fotos sind wichtige Informationen für die Spezialkräfte und müssen daher an diese übermittelt werden.
- Funkgeräte und Mobiltelefone dürfen nicht in der unmittelbaren Nähe des Fundorts genutzt werden.
- In Gebäuden ist zu beachten, dass auch die Nebenräume und die darunter und darüber liegenden Räume betroffen sein können und demnach zu räumen sind.
- Türen und Fenster sollten, wenn möglich, geöffnet werden, um einen Druckausgleich zu ermöglichen und um eventuell entstehende sekundäre Schäden durch Splitter (Glas oder Metalle) zu minimieren.
- Vor der Räumung sind Flucht- und Rettungswege auf Sicherheit sowie die Lage der Sammelplätze auf ausreichende Sicherheitsabstände zu prüfen.
- Die Verwendung der Begriffe Bombe, Explosion, Sprengstoff sollte aufgrund ihrer psychologischen Wirkung auf Unbeteiligte vermieden werden.
- Mit möglichen weiteren USBV im Bereich der Einsatzstelle rechnen.
- Besondere Vorsicht bei Behältnissen mit Flüssigkeiten oder kristallinen Materialien. Behälter nicht öffnen oder bewegen!

Tab. 4: Anhalt zur Abschätzung möglicher Auswirkungen von verdächtigen Gegenständen mit Sprengstoff (gilt nicht pauschal) (modifiziert nach ATF)

Gegenstand	Menge (kg)	Wirkbereich der tödlichen Druckwelle/ Blast (m)	Innerer Absperrbereich (min. in Meter)	Äußerer Absperrbereich (m)
Briefbombe	0,05 – 0,5	0 – 0,5	15	50
Rohrbombe	2,5	6	35	350
Sprengstoffgürtel	5	10	40	400
Sprengstoffweste	10	12	45	450
Paketbombe	25	15	55	500
Pkw - Limousine	230	30	500	550
Pkw - Kombi	450	40	550	600
Kleintransporter	1.800	60	900	900
kleiner Lkw	4.500	100	1.200	1.200
mittlerer Lkw	13.500	150	2.000	2.000
großer Lkw	27.000	200	2.200	2.200

Legende:

- Bereich muss komplett geräumt werden. Das gilt auch für den Aufenthalt in Gebäuden.
- Gebäude und Fahrzeuge können beschädigt werden.
- Äußerer Mindestsicherheitsabstand bzgl. Druckwirkung und Splitterflug

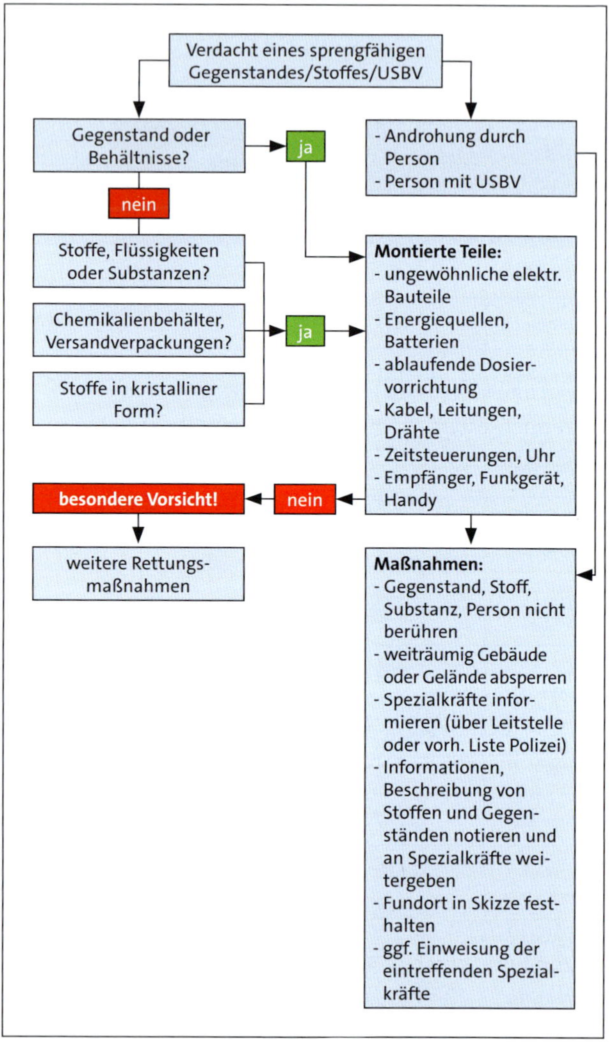

Abb. 4 ▶ Abschätzung möglicher Schäden, Hilfs-/Verhaltensschema bei Verdacht

3.3.5 Gefahren durch nicht zugelassene Pyrotechnik

Neben den USBV und Selbstlaboraten können nicht zugelassene Feuerwerkskörper oder andere pyrotechnische Gegenstände eine potenzielle Gefahr an Einsatzstellen sein. Insbesondere zum Jahresende werden die preisgünstigen Feuerwerkskörper, meist aus Osteuropa stammend, entgegen den deutschen Bestimmungen in Umlauf gebracht. Die jährliche Berichterstattung der Medien über Unfälle belegt die Gefahr, die in besonderem Maße von diesen nicht zugelassenen pyrotechnischen Gegenständen ausgeht.

Vermehrt wird Pyrotechnik auch missbräuchlich bei Demonstrationen, Fußballspielen oder Streitigkeiten eingesetzt. Darüber hinaus sind „innovative" Bastelarbeiten mit selbst hergestellten oder aus pyrotechnischen Erzeugnissen entnommenen Inhalten häufige Ursache für Personen- und Sachschäden.

Ein Teil der illegal nach Deutschland importierten Knallkörper enthält einen pyrotechnischen Satz mit einer extrem hohen Umsetzungsgeschwindigkeit und entsprechender Gasschlagwirkung. Diese Knallkörper können bei einer Umsetzung in der Hand zu abgerissenen Gliedmaßen führen. Die Größe des Knallkörpers ist kein verlässliches Maß für die Gefährlichkeit, da andere Mischungen an Explosivstoffen verwendet werden als in Deutschland. Die enthaltenen Ladungsgemische besitzen zudem oftmals eine hohe Reibempfindlichkeit sowie eine mögliche Fähigkeit der Selbstentzündung durch widrige Einflüsse wie Fremdströme, Elektrostatik oder Oxydation nach Eindringen von Feuchtigkeit in den pyrotechnischen Satz.

3.4 Einsatz von Tourniquets

Bei Amokläufen oder Terroranschlägen werden zu einem hohen Anteil Schusswaffen eingesetzt oder zumindest Mittel wie Sprengladungen, deren Splitter ähnliche Verletzungen hervorrufen.

Solche Ereignisse ziehen in fast allen Fällen die Notwendigkeit medizinischer Maßnahmen nach sich, die für gewöhnlich durch den Rettungsdienst erbracht werden. Problematisch ist hierbei, dass der reguläre Rettungsdienst – bezogen auf den deutschsprachigen Raum – über sehr wenig Erfahrung in der Versorgung von Schuss- und Explosionsverletzungen verfügt. Das Traumaregister der Deutschen Gesellschaft für Unfallchirurgie (DGU) registriert in jedem Jahr eine Häufigkeit von penetrierenden Verletzungen von 3,5 bis 4,5 Prozent in der Gesamtheit aller Verletzungen. Zu den penetrierenden Verletzungen gehören jedoch in wesentlich größerem Maße Durchspießungen durch Unfälle oder Messerstiche, d.h. der Anteil der Schussverletzungen

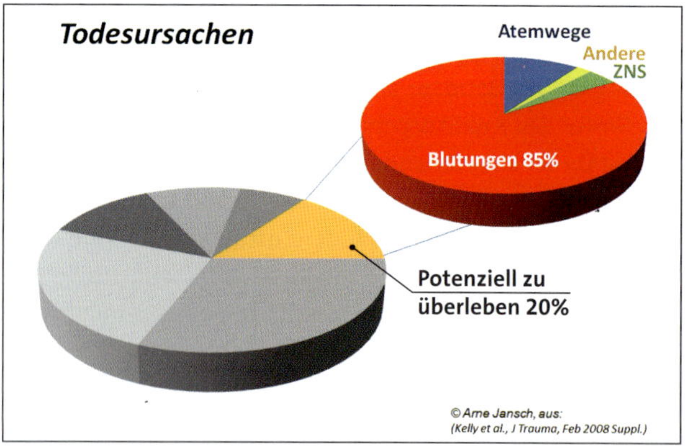

Abb. 5 ▶ Potenziell vermeidbare Todesursachen (nach Kelly et al. 2008)

an diesen geringen drei bis vier Prozent fällt noch sehr viel kleiner aus (vgl. Deutsche Gesellschaft für Unfallchirurgie 2022b, Jansch 2010).

Betrachtet man die gesammelten Erfahrungen der amerikanischen Streitkräfte seit dem Vietnamkrieg, speziell nach den Ereignissen in Somalia 1993 und in Bezug auf die Entwicklungen in Afghanistan und im Irak, kann festgestellt werden, dass es eine besondere Art von verletzten Personen in bewaffneten Konflikten gibt, nämlich Personen, die sterben, wenn man nicht sofort etwas für sie tut.

In diesem Bereich spricht man von den „vermeidbaren Todesursachen“. Diese Patienten sind aufgrund relativ banaler und einfach zu behandelnder Verletzungen gestorben (vgl. Jansch 2010, NAEMT–PHTLS 2006, Butler, Hagmann und Butler 1996). In Bedrohungslagen kommt es zu deutlich veränderten Verletzungsmustern im Vergleich zu zivilen Unfällen. Ungefähr 60 Prozent der schweren Extremitätenverletzungen (Arme und Beine) bei Terroranschlägen oder Amokläufen führen unbehandelt, selbst innerhalb kurzer Zeit, zum Tod. Verletzungen in Bedrohungslagen stellen eine effektive Erste Hilfe besonders in den Vordergrund und große Anforderungen an den Rettungsdienst (vgl. Jansch 2010, NAEMT–PHTLS 2006, Butler, Hagmann und Butler 1996, Deutsche Gesellschaft für Unfallchirurgie 2022a).

Im Bereich des Schusswaffengebrauchs oder einer Explosion können diese Verletzungen und resultierenden Blutungen so stark sein, dass sie mit dem Material des zivilen Rettungsdienstes nicht beherrscht werden können – auch aufgrund der geringen Häufigkeit solcher Verletzungen. Beim „North Hollywood Shootout“ 1997 in Los Angeles verblutete ein Täter aus Verletzungen an den Beinen. Durch eine Abbindung mit einem Tourniquet hätte er wahrscheinlich überlebt (vgl. Jansch 2010).

Diese Abbindung durch ein industriell gefertigtes System ist so einfach, dass sie schnell erlernt werden kann, weshalb ein Tourniquet mittlerweile zur Standardausstattung jedes Soldaten und Polizisten in Krisengebieten und häufig auch zur persönlichen Ausstattung eines US-Polizisten auf Streife gehört. Auch im deutschen regulären Rettungsdienst gewinnen Tourniquets immer mehr an Bedeutung und werden nicht nur durch Traumamanagement-Systeme wie PHTLS und ITLS, sondern seit 2011 auch durch die S3-Leitlinien zur Polytraumaversorgung der Deutschen Gesellschaft für Unfallchirurgie für bestimmte Situationen ausdrücklich empfohlen (vgl. Jansch 2010, NAEMT–PHTLS 2006, Butler, Hagmann und Butler 1996, Deutsche Gesellschaft für Unfallchirurgie 2022a).

3.5 Stichverletzungen

Bei Stichverletzungen ist ohne weitere Diagnostik die Verletzungsschwere nur schwer abschätzbar. Der Stichkanal wird zwar durch die Klingenlänge mitbestimmt, jedoch gibt es viele Faktoren, welche die Verletzung beeinflussen. So kann ein abweichender Stichwinkel oder ein tieferes Eindrücken in nicht absehbaren Verletzungen resultieren. Hieraus ergibt sich in den meisten Fällen die Notwendigkeit einer chirurgischen Exploration.

4 Vorgehen und Verhalten in einer Terrorlage

4.1 Aufgaben des ersteintreffenden Rettungsmittels beim MANV

Die ersteintreffenden Rettungsmittel haben die besondere Aufgabe, bei Eintreffen an der Schadensstelle die Lage entsprechend einzuschätzen und „auf MANV umzuschalten" (Knickmann, Neumann und Subat 2021).

So müssen die Individualmediziner zuerst weg vom Patienten und hin zum organisatorischen Rahmen, um das bestmögliche Ergebnis für alle beteiligten Patienten zu erzielen. Dies erfordert ein Höchstmaß an Disziplin!

Zu diesen Maßnahmen gehören:

- Bereits vor Verlassen des Fahrzeuges eine Meldung über Funk abgeben, diese sollte folgende Angaben enthalten:
  - Schadensereignis
  - Schadensausmaß
  - Gefahren (z. B. Zerstörungen durch erfolgte Detonation)
  - Wie viele (Einsatzkräfte und Patienten)
  - Anfahrtrichtung für nachrückende Kräfte.
- Sind bereits andere Kräfte von Feuerwehr oder Polizei vor Ort: Kontakt suchen, um die Lagebeurteilung zusammenzuführen.
- Zu Fuß die Schadensstelle abgehen – sofern möglich, um sich einen Überblick zu verschaffen.
- Keine Behandlung beginnen.
- Konkrete zweite Rückmeldung geben, diese sollte folgende Angaben enthalten:

- Was ist passiert? Konnte die dynamische Lage „eingefroren“ werden?
- Bestehen oder drohen Gefahren für Einsatzkräfte und/oder Betroffene (zum Beispiel: Kontamination, Feuer, Einklemmung, Freigabe durch die Sicherheitskräfte)?
- Wie viele Personen sind insgesamt betroffen? Unterscheidung von leicht (stehenden, laufenden) und schwer (liegenden) Verletzten.
- Welche weiteren Kapazitäten sind erforderlich (Dekontamination, Patientenversorgung, Betreuung, Transport, Brandschutz, technische Rettung, Polizei ...)?
- Keine konkreten Einsatzmittel, sondern Dienstleistungen anfordern.

Anschließend könnte sich vom Team des ersteintreffenden Rettungsmittels – je nach äußeren Umständen – ein Mitglied nach vorn zur Schadensstelle hin arbeiten und ein weiteres nach hinten zwecks Organisation der Einsatzstelle.

4.1.1 Schadensstelle

Hier gilt es, zuerst abzuschätzen, wo sich spontan Patientenablagen gebildet haben. Diese sind zu beurteilen. Individualmedizin ist auf jeden Fall in der Frühphase und bei einem Mangel an Rettungskräften zu unterlassen. Hier sollte man sich auf das Offenhalten der oberen Atemwege (z.B. durch stabile Seitenlage oder die Einlage von Naso-/Oropharyngealtuben) sowie das Tourniquet bei spritzenden Blutungen der Extremitäten beschränken. Ein unkontrollierter Transport ist unbedingt zu vermeiden, auch sollten die Leichtverletzten – wenn möglich – an einem Ort gesammelt werden, um eine Überschwemmung mit Patienten von nahegelegenen Notaufnahmen zu vermeiden. Durch eine Vorsichtung kann dann die Schadensstelle weiter strukturiert werden.

4.1.2 Rückwärtige Organisation

Die nachrückenden Kräfte werden über Funk koordiniert, so kann rasch die Einrichtung eines Bereitstellungsraumes/ Rettungsmittelhalteplatzes erfolgen, um eine Überschwemmung der Einsatzstelle zu verhindern (vgl. Flemming und Adams 2007). Auf diese Weise können nachfolgende Kräfte kontrolliert zur Einsatzstelle „gezogen" werden. Nach Möglichkeit sollte ein fester Ansprechpartner am Bereitstellungsraum benannt werden. Weiterhin ist die Frage zu klären, ob ein Hubschrauberlandeplatz nötig ist. Die Sicherheitslage lässt sich mit dem GAMS-Schema der Feuerwehr (vgl. Spörri et al. 2004), wenngleich es im Rahmen eines Terroranschlags zu kurz greift, und dem 4A1C4E-Schema skizzieren.

Tab. 5: 4A1C4E-Schema

	Ausbreitung	Angstreaktion	Atomare Strahlung	Atemgifte	Chemische Stoffe	Erkrankung/ Verletzung	Explosion	Elektrizität	Einsatz
Menschen									
Tiere									
Umwelt									
Sachwerte									
Mannschaft									
Gerät									

4.2 Rettungsdienstliche Taktiken in der Bedrohungslage

Vorgestellte Taktiken und Handlungsempfehlungen haben mangels einer Erprobung im Einsatz einen hypothetischen Charakter, können jedoch an die Stelle eines taktischen Vakuums treten.

Zu Beginn stellt sich die Frage, ob ein Anschlag als solcher überhaupt erkannt wird. Bei Anhaltspunkten, dem geringsten Zweifel oder auch nur einem „Bauchgefühl" verfallen Sie nicht in den Modus der routinierten statischen Lage; agieren Sie stattdessen im dynamischen Prozess der Bedrohungslage, bis Erkenntnisse der polizeilichen Gefahrenabwehr eine Beurteilung für das weitere Vorgehen ermöglichen. Die mentale Beschäftigung mit dieser Situation und ein „Leben in der Lage" sind dazu wichtige Voraussetzungen (vgl. Schwartz, McManus und Swienton 2007).

Die vorgestellten Strategien und Taktiken bieten keinen absoluten Schutz, können aber eigene Ausfälle und Opfer eingesetzter Kräfte minimieren.

4.2.1 Grundsatz „Eigensicherung und Eigenschutz"

Denken Sie bitte daran, dass Sie als professioneller Helfer und Retter über eine Ausbildung verfügen, die in einer solchen Lage nicht zu ersetzen ist. Nur Sie können mit Ihrem Wissen den Opfern adäquate Hilfe zukommen lassen und dürfen nicht ausfallen. Daher begeben Sie sich nicht in unkalkulierbare Gefahr und tragen Sie Ihre vollständige Schutzausstattung.

In Abstimmung mit der Polizei (Kap. 5) muss sich jeder Rettungsdienstmitarbeiter über die Einteilung der Einsatz-

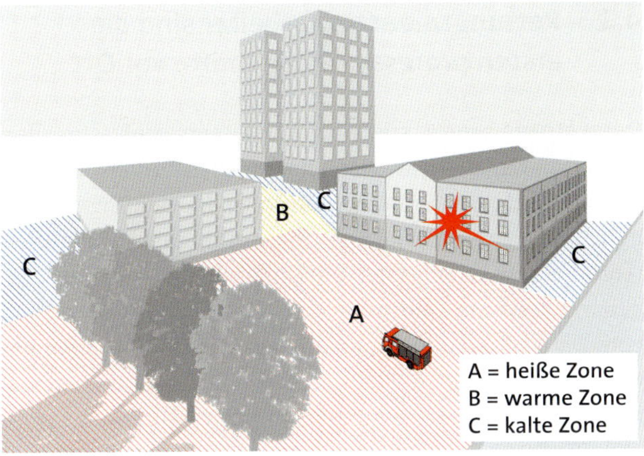

Abb. 6 ▶ Zonenmodell

stelle bewusst sein. Hier bietet sich die Einteilung von drei Zonen gemäß dem Gefährdungsgrad an (Abb. 6).

Nach Explosionen verdächtigen Ursprungs muss durch Messungen geprüft werden (lassen), ob radioaktives Material sowie biologische oder chemische Schadstoffe verteilt wurden (cave: Kontaminationsverschleppung). Zeit, Distanz und Schutzausstattung sind drei wichtige Faktoren, die die Auswirkungen durch Kontamination reduzieren (vgl. Shapira, Hammond und Cole 2008).

4.2.2 „Spezialisten sind spezial"

Auch ein spezialisiertes medizinisches Wissen, zum Beispiel über Frühsymptome bei der Aufnahme chemischer Wirkstoffe oder biologischer Agenzien, Schusswunden oder Verletzungsmuster durch Explosionen, ist erforderlich, um eine frühestmögliche Einschätzung der Lage abgeben zu können und weitere Maßnahmen einzuleiten. Für Ihre spezielle Ausbildung gibt es keinen unbeschränkten Ersatz!

4.2.3 Rettungsdienstmitarbeiter sind die ersten professionellen Kräfte vor Ort

Der Rettungsdienst stellt oft die ersten professionellen Kräfte vor Ort, diese müssen eine Lagebeurteilung auch im Hinblick auf weitere Bedrohungen und Gefahren vornehmen. Rechnen Sie nach Explosionen mit einsturzgefährdeten Objekten, Rauchgasen und Opfern in der weiteren Umgebung sowie in Gebäuden durch gesplitterte Glasscheiben. Denken Sie daran, dass Sie eventuell die Umgebung und insbesondere Gebäude, in denen Fensterscheiben zerborsten sind, durchsuchen sollten, um weitere Verletzte aufzufinden.

4.2.4 Gefahrenmatrix deckt die Anschlagsgefahr nicht mehr ab

Die bekannte Gefahrenmatrix 4A1C4E (Atemgifte, Angst, Ausbreitung, atomare Gefahr, chemische Stoffe, Elektrizität, Explosion, Einsturz, Erkrankung/Verletzung – Sonstige) deckt die Besonderheiten des Verhaltens in der Bedrohungslage nicht ab. Dazu hat das Bundesamt für Bevölkerungsschutz und Katastrophenhilfe 2006 die Handlungsempfehlungen zur Eigensicherung nach einem Anschlag veröffentlicht (und 2019 aktualisiert) und die Entscheidungshilfe für ersteintreffende Kräfte im HEIKAT-Schema übersichtlich zusammengestellt (Abb. 7 und 8).

4.2.5 Erkennen der Gefahren schwer möglich

Der initiale Notruf eines Laien kann unter Umständen keinerlei Hinweise auf einen Anschlag enthalten, daher ist die Kenntnis von möglichen Anschlagszielen bzw. Vorgehensweisen der Täter essenziell, um eine eigene Lagebeurteilung

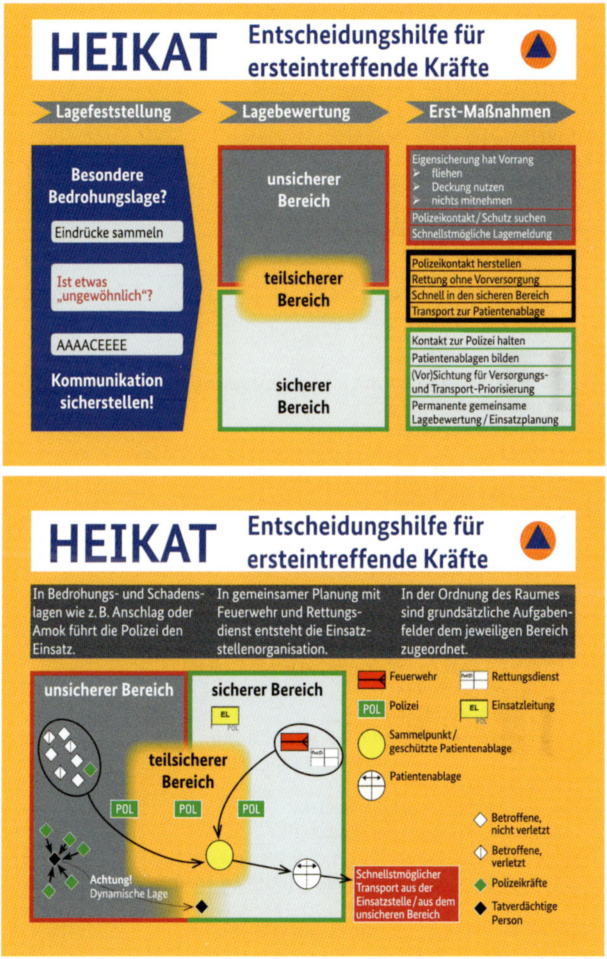

Abb. 7 ▶ HEIKAT-Schema

durchzuführen und den Einsatz nicht routinemäßig abzuarbeiten. Melden Sie als ersteintreffendes Team umgehend Erkenntnisse oder Vermutungen, um eine Ansammlung von Kräften zu verhindern, und befolgen Sie Anweisungen.

HEIKAT

Lagefeststellung / Erkundung	
Ort / Zeit / Symbolwert	ungewöhnlicher Zusammenhang zwischen diesen drei Indikatoren
Meldebild / Auftrag	im Zusammenhang mit politischer Situation / anderen Ereignissen …
Verletzte / Erkrankte	Grund unklar, hohe Anzahl …
Tiere / Insekten	tot oder unnatürlich abwesend …
Führungsorganisation	Ansprechpartner, Kommunikation …
Windrichtung	Bäume, Sträucher …
Einsatzplanung – Beurteilung der Lage	
Gefahrenmatrix – AAACEEEE!	
zusätzlich	• zweiter Anschlag auf Einsatzkräfte • Sprengfallen, Blindgänger • außergewöhnliche Verletzungen / Erkrankungen • nicht schlüssige CBRN-Gefahren • Heckenschützen
Für wen bestehen welche Gefahren (Einsatzkräfte, Menschen, Tiere, Gerät)?	
Für wen ist welche Gefahr die größte?	
Welche taktischen Möglichkeiten bestehen?	
Vor- und Nachteile abwägen unter:	Aufwand, Sicherheit, Erfolgsaussichten, Nebenerscheinungen
Welche Möglichkeit ist die beste?	
Befehle / Maßnahmen	
• ungewöhnliche Eindrücke, Gerüche, Geräusche melden **• Befehlsgehorsam und Meldewege zwingend einhalten** **• kein eigenständiges in-den-Einsatz-Bringen aus abgesetzten Bereitstellungsräumen** **• Kommunikation an der Einsatzstelle sicherstellen (z.B. auch Megaphon / Trillerpfeife)** **• GAMS-Regel befolgen** **• im Rahmen der möglichen Gefahren vorhandene PSA anlegen** **• Angriff: mit dem Wind gehen** **• Rückzug: quer zum Wind gehen** **• Deckungsmöglichkeiten erkunden – ggf. Deckung suchen** **• Rückzugswege erkunden, mitteilen – ggf. Rückzug antreten** **• immer im Trupp bleiben** **• ungewöhnliche Gegenstände nicht berühren** **• Fahrzeuge abgesetzt voneinander aufstellen** **• Gruppenbildung von Einsatzkräften an einem Ort vermeiden** **• gesundheitliche Einschränkungen (Übelkeit, Sehstörung, Schwindel …) sofort melden**	

ABB. 8 ▶ HEIKAT-Schema als Übersicht

Gefährdungsindikatoren können sein:

- ungewöhnlicher Zusammenhang zwischen Anschlagsort und -zeit (besondere Feiertage und aktuelle Ereignisse)

- Symbolwert und Art von Veranstaltungen (weiche Ziele wie große Personenansammlungen, Regierungseinrichtungen, strategische Industrieanlagen und viele andere)
- Anzahl, Symptome und Verletzungsmuster der Patienten (viele Patienten erkrankt/Atembeschwerden, viele penetrierende Verletzungen)
- politische, religiöse und gesellschaftliche Situation.

Bereits erfolgte Anschläge in Deutschland und auf internationaler Ebene sowie die Reaktionen der Rettungskräfte darauf müssen für das eigenen Handeln ständig berücksichtigt und evaluiert werden.

Das Erkennen von USBV stellt selbst für Spezialisten eine große Herausforderung dar (Kap. 3.3.2), daher muss man bei unklaren Gegenständen mit einer USBV rechnen. Spezialisten (z.B. Entschärfer) können dann eine Einschätzung der Gefährlichkeit vornehmen. Bewegen oder berühren Sie daher keine Gegenstände und wählen Sie andere Zugangswege, falls Sie zum Beispiel verdächtige Fahrzeuge passieren müssen.

Vor allem sollte auf mögliche Sprengfallen oder verdächtige Fahrzeuge und Personen im Umfeld geachtet werden. Die äußerst ungewöhnliche Anordnung von Fahrzeugen und Gegenständen sowie ein bizarres Schadensausmaß, fremdartige Gerüche, Rauch, Nebel, austretende Flüssigkeiten und Geräusche (Schüsse) unklarer Art und Herkunft sowie Personen, die sich verstecken, können auf einen stattgefundenen oder Zweitanschlag hindeuten (vgl. Lennquist 2012). Fahrzeuge mit Übergewicht („hängt" in den Stoßdämpfern), ohne Kennzeichen, seit langer Zeit abgestellt (gut an der Verschmutzung zu erkennen), sichtbare Drähte und ungewöhnliche Behältnisse müssen als verdächtig eingestuft werden.

Achten Sie bei anderen Personen auf die Hände! Waffen, Fernbedienungen oder andere Geräte in der Hand müssen sofort gemeldet werden. Besonders problematisch sind hier Mobiltelefone, da sie sowohl verständlicherweise von Patienten bzw. Dritten genutzt werden, um Notrufe abzusetzen oder Angehörige zu erreichen – aber auch von „Spottern", die hiermit Sprengsätze fernzünden können.

Wichtig ist, dass vor vielen Jahren formulierte Grundsätze aus dem amerikanischen Raum zum Erkennen von Selbstmordattentätern – wie „Alleinsein, Nervosität, weite Kleidung, sichtbare Elektronik, steife Taille sowie geschlossene Hände" (sog. ALERT-Schema) – veraltet sind und keinesfalls als sichere Anhaltspunkte gelten dürfen! Die Techniken und Taktiken haben sich hier zu einem deutlich diffuseren Bild entwickelt.

Beobachten Sie, ob an den Fenstern verdächtige Vorkommnisse festzustellen sind. Verlassen Sie umgehend die Schadensstelle und melden Sie Ihren Verdacht, um weitere Maßnahmen der technischen Rettung oder der Polizei einzuleiten.

4.2.6 Abstand halten und Deckung suchen

Wahren Sie Disziplin und beobachten Sie den Schadensort aus sicherer Entfernung und Deckung (Window Report [vgl. Lennquist 2012]), weisen sie gegebenenfalls andere Kräfte auf Ihren Verdacht hin.

Vermeiden Sie im Sinne einer Abstandstaktik eine Ansammlung von Einsatzkräften/Fahrzeugen direkt am Tatort. Verteilen Sie die Einheiten und halten Sie sich möglichst gedeckt/versteckt auf. Weichen Sie gegebenenfalls von der bisherigen Taktik der Ressourcenbündelung ab. Viele Einsatzkräfte an einem Ort bieten Terroristen ein sehr einfaches und effektives Ziel, daher versuchen Sie, dezentral zu arbeiten. Eine Verteilung der Rettungskräfte verhindert zwar nicht den Zweitanschlag, sie kann aber die Anzahl der eigenen Opfer verringern und so unsere Handlungsfähigkeit erhalten.

Der Grundforderung, das therapiefreie Intervall zu minimieren, steht zunächst die Behinderung durch Sicherungsmaßnahmen am Einsatzort entgegen. Aufgrund der Abstandstaktik ist damit zu rechnen, dass Rettungskräfte, die nicht zum Schadensort vorgelassen werden, diesen eigenständig zu erreichen versuchen. Seien Sie diszipliniert und handeln Sie nur auf Anordnung der eingesetzten Leitung, da diese mehr Informationen besitzt und Absprachen mit den Sicherheitskräften trifft. Bei einem Verdacht auf weitere Explosionen oder Beschuss halten Sie möglichst den Sicherheitsabstand ein und bleiben Sie in Deckung.

Bei dem Begriff Deckung wird der Sichtschutz (Concealment) vom ballistischen Schutz (Cover) unterschieden. Fahrzeuge bieten keinen ballistischen Schutz und sollten nur kurzfristig als Sichtschutz betrachtet werden, um bei günstiger Gelegenheit einen ballistischen Schutz zu erreichen (zum Beispiel eine solide Hauswand). Bedenken Sie, dass ein Treffer auf die Sauerstoffflasche im RTW sehr gefährlich sein kann. Es kann erforderlich sein, das Fahrzeug in Fluchtrichtung abzustellen, um den Ort schnellstmöglich zu verlassen. Bei Beschuss verlassen Sie Ihr Fahrzeug über die nicht beschossene Seite und nutzen Sie das Fahrzeug temporär als Sichtschutz (halten Sie sich auf Höhe der Achsen oder des Motorblocks auf), bis Sie eine Deckung aufsuchen können.

Benutzen Sie gedeckte Wege zur Annäherung zu Fuß oder mit dem Fahrzeug, auch wenn es einen Umweg bedeutet (Rückzugswege berücksichtigen). Eine Beobachtung der Rettungskräfte durch weitere Täter ist möglich.

Machen Sie sich Gedanken über die Anfahrtsroute und vermeiden Sie eine Vorhersehbarkeit Ihrer Handlungen. Eine gute Ortskenntnis sollte selbstverständlich sein. Identifizieren Sie daher den besten Sammelplatz und wählen Sie diesen gerade nicht. Der Täter kann sich die gleichen Gedanken gemacht haben. Eine Handlungsoption kann sein, gar keinen festen Bereitstellungsraum zuzuweisen, sondern die Fahrzeuge einzeln in einer losen Ringbereitstellung den Warteplatz selbst wählen zu lassen. Der Abstand sollte den lokalen Gegebenheiten angepasst und mit der Einsatzführung der Polizei abgesprochen sein. So werden zumindest große Bereitstellungsräume vermieden und die zur Verfügung stehende Fläche ist nicht mehr das bestimmende Element (vgl. Poguntke 2016).

4.2.7 Schnellstmögliche Verbringung der Verletzten aus dem Gefahrenbereich (Crash-Rettung / Load and Go), cave: nicht bei unklarer Lage

Bei unklarer Lage, z.B. Heckenschützen oder Unsicherheit, ob der Täter umgekommen ist, führen Sie keine Crash-Rettung durch; die Evakuierung bei anhaltender Gefährdung wird in der Regel von den Sicherheitskräften und/oder der technischen Rettung durchgeführt. Dezentrale und vom Anschlagsort abgesetzte Erstversorgung bedeutet nicht eine schnellere Versorgung im Krankenhaus, sondern nur eine zügige Evakuierung des Schadensortes. In Israel wird daher eine schnellstmögliche Dislokation der Verletzten in die Krankenhäuser und eine „En-route"-Versorgung angestrebt (vgl. Pinkert et al. 2008). Aufgrund der Zweitanschlagsgefahr sollen die Patienten keinesfalls am Auffindeort behandelt werden, sondern in der heißen Zone erforderlichenfalls mit Tourniquet versorgt und aus dem eigentlichen Gebiet entfernt werden (zum Beispiel auf einem Spineboard, auf Tragetüchern oder unter Anwendung spezieller Trageweisen, ohne jedoch größere Rücksicht auf die Immobilisierung zu nehmen). Die Verletzungsschwere nimmt in der Regel vom Detonationsort nach außen ab, daher sollten Evakuierung und Vorsichtung dort beginnen, wo die schwersten Verletzungen zu erwarten sind.

Laufende Verletzte (Walking Wounded) können initial über die Fahrzeuglautsprecher aus dem Schadensort gesteuert und automatisch der Vorsichtungskategorie „Grün" zugeordnet werden.

***Grundsatz:** Kürzest mögliche Verweildauer mit der geringsten Anzahl von Kräften im Schadensgebiet.*

Eine sichere Unterscheidung zwischen Täter und Opfer ist bei einer anhaltenden Bedrohungslage nicht immer eindeutig möglich.

Betreten Sie den Tatort erst, nachdem die Sicherheitskräfte diesen abgesichert und freigegeben haben. Lassen Sie Ihre Sammelstellen ebenfalls absichern, um sich vor weiteren Anschlägen zu schützen sowie Opfer und Gegenstände von den Sicherheitskräften durchsuchen zu lassen. Die Mitnahme von Gegenständen wie Taschen und Rucksäcken der Verletzten aus der Schadensstelle heraus sollte nicht erlaubt werden.

Bei der Verwendung von Funkgeräten und Mobiltelefonen unmittelbar am Einsatzort können ferngezündete Auslösevorrichtungen einer Bombe aktiviert werden.

Der Einsatz von Funkgeräten in der Nähe verdächtiger Gegenstände muss untersagt werden, ordnen Sie unter Umständen an, dass der unmittelbare Einsatzort ohne Funk und Mobiltelefon zu betreten ist. So kann das eintreffende Team seine Meldung bei Erreichen des Einsatzortes vom

Fahrzeug aus absetzen und sich anschließend mit dem Hinweis, eine Fußaufklärung durchzuführen, bei Erreichen des RTW wieder melden. Alternativen: Fußmelder, taktische Zeichen etablieren, Drahtverbindungen.

Terror- oder Amokeinsätze stellen für den Rettungsdienst glücklicherweise einen sehr seltenen Einsatzanlass dar. Aufgrund der Besonderheiten solcher Einsätze müssen die Rettungsdienste aber bestmöglich auf solche Szenarien vorbereitet werden.

4.3 Triage / Sichtungsprozess

Die Triage/Sichtung entstammt der Verwundetenversorgung im Kriegsfall und ist unabdingbarer Teil der Lagebeurteilung in einer Großschadenslage (vgl. Kennedy et al. 1996). Ziel der Triage/Sichtung ist, in der frühen Phase einer großen Zahl versorgungsbedürftiger Patienten die bestmögliche Hilfe zukommen zu lassen. Dabei müssen zunächst diejenigen Patienten gefunden und behandelt werden, die sich in akuter Gefahr befinden.

Die einzelnen Schritte des Sichtungsprozesses sind laut Sichtungs-Konsensus-Konferenz des BBK (2019): Ersteinschätzung, Vorsichtung (durch nichtärztliches Personal) und Sichtung (durch ärztliches Personal). Die Ersteinschätzung dient dazu, einen Überblick über die Anzahl der Betroffenen zu erhalten (es wird gezählt, aber nicht behandelt); die Vorsichtung dient der Zuordnung der Betroffenen zu Sichtungskategorien (SK I – SK III, s. Tab. 6) und umfasst lebensrettende Sofortmaßnahmen, aber keinen Bodycheck. Die Sichtung durch ärztliches Personal bestätigt oder korrigiert die zugeteilte Sichtungskategorie und findet grundsätzlich im sicheren Bereich statt (vgl. Knickmann, Neumann und Subat 2021).

4.3.1 Basisdiagnostik

Zur Basisdiagnostik zählt die Überprüfung der Vitalfunktionen

- Atmung
- Kreislauf
- ZNS

sowie die Untersuchung des Patienten auf Verletzungen (Bodycheck).

Bei der Vorsichtung und durch die Basisdiagnostik wird festgelegt, wer

- sofort behandelt werden muss
- dringend behandelt werden muss
- später (ambulant) behandelt werden kann
- betreuend (abwartend) behandelt werden sollte
- verstorben ist.

Hieraus ergeben sich die Sichtungskategorien, wenngleich die Sichtungskategorie blau (abwartende Behandlung) mit Sicherheit eine Ausnahme darstellt (vgl. Bundesärztekammer o.J.).

Bei der 8. Sichtungs-Konsensus-Konferenz des BBK hat man sich auf zusätzliche Kennzeichnungen verständigt, die wichtige Informationen aus dem Sichtungsprozess kodieren: Kontaminierte sollen mit dem Buchstaben „K" und die Transportpriorität mit „TP" gekennzeichnet werden (vgl. Bundesamt für Bevölkerungsschutz und Katastrophenhilfe 2019).

Tab. 6: Sichtungskategorien (nach Bundesärztekammer o. J., Bundesamt für Bevölkerungsschutz und Katastrophenhilfe 2019)

Sichtungskategorie und Kennzeichnung		Beschreibung	Behandlungs-konsequenz
SK I	rot	akute vitale Bedrohung	Sofortbehandlung
SK II	gelb	schwer verletzt/ erkrankt	Behandlungs-dringlichkeit
SK III	grün	leicht verletzt/ erkrankt	spätere (ambulante) Behandlung
SK IV	blau	ohne Überlebens-chance	betreuende (abwartende) Behandlung
EX	schwarz	Tote	Kennzeichnung
B		Betroffene	Betreuung

4.3.2 Folgen

Neben den medizinischen Ergebnissen für die Patienten ergeben sich jedoch auch einsatztaktische Resultate. So dient die Sichtung einer Lagestrukturierung und muss möglichst schnell erfolgen. Nur so können Kräfte sinnvoll nachgefordert werden.

Die Sichtungsergebnisse sind dabei dynamisch, denn die Einschätzung findet beim selben Patienten nicht nur einmal, sondern mehrfach statt. Der Patientenzustand kann sich jederzeit entgegen der ursprünglichen Einschätzung verschlechtern, sodass sich der Zwang zur sofortigen Behandlung ergibt, gelegentlich wird sich auch zeigen, dass sich der Zustand unter einfachen Maßnahmen (z.B. Blutstillung, Kompressionsverband) stabilisiert. Dabei wird die Treffsicherheit einer solchen Kurzuntersuchung international auf ca. 80 Prozent geschätzt. Durch entsprechend vorsichtig-konservative Beurteilung muss erreicht werden, dass eine „Unterschätzung" in maximal 5 Prozent, eine „Überschätzung" in maximal 50 Prozent der Fälle in Kauf genommen werden kann. Wichtig ist, im Auge zu behalten, dass das Ziel einer Sichtung sein muss, jeden Patienten so früh wie möglich der bestmöglichen individualmedizinischen Versorgung zuzuführen. Insbesondere im Fall einer Bedrohungslage brauchen wir ein Instrument, um zügig eine Lagestrukturierung durchführen zu können. Im Rahmen der Sichtung sollte nur minimal behandelt werden, dies erfordert vom Sichtungsteam eine ausgesprochene Disziplin.

4.3.3 mSTaRT-Algorithmus

Mithilfe des im angelsächsischen Raum entwickelten Sichtungsalgorithmus, der bei den Anschlägen am 11. September 2001 evaluiert wurde, haben wir nach Anpassung an mitteleuropäische Verhältnisse mit dem mSTaRT-Agorithmus ein praktisches Instrument zur Verfügung (vgl. Paul et al. 2009). Mit diesem Sichtungssystem ist es möglich, eine Vorsichtung durch nichtärztliches Personal durchzuführen und damit die oben genannten Ziele leichter zu erreichen.

Ablauf (s.a. Abb. 9):

1. Kann der Patient selbstständig gehen, wird er gebeten, sich an einem Ort einzufinden (z.B. RTW), um dort einer weiteren Untersuchung und Befragung zur Verfügung zu stehen, doch kann mit diesem Schritt schon eine erste Lagestrukturierung erreicht werden.

2. Patienten mit tödlichen Verletzungen werden markiert (nach deutschem Recht ist die Todesfeststellung durch ärztliches Personal vorzunehmen).
3. Hat ein Patient eine fehlende Spontanatmung und fehlt diese auch nach Freimachen der Atemwege (z.B. durch Wendl- oder Guedel-Tubus), ist der Patient „schwarz" zu sichten. Sonst bleibt er „rot" und die Sichtung sollte nach Diagnose und Behandlung von spritzenden Blutungen abgebrochen werden.
4. Hat der Patient eine Atemfrequenz von über 30 oder unter 10, wird „rot" gesichtet, die Sichtung sollte nach Diagnose und Behandlung von spritzenden Blutungen abgebrochen werden.
5. Eine spritzende Blutung kann behandelt werden, ist dies erfolgreich, wird im Algorithmus weiter vorangeschritten.
6. Fehlt der Radialispuls und ist damit eine starke Zentralisation anzunehmen, wird „rot" gesichtet und der Algorithmus abgebrochen.
7. Zuletzt erfolgt nochmals eine Beurteilung des ZNS und der Patient wird gebeten, einfache Befehle zu befolgen.
8. Kann er dies, ist jedoch nicht „grün", ist der Patient „gelb".

Anhand dieses mSTaRT-Algorithmus und der daraus folgenden Schritte wird schnell das vordringliche Ziel klar (vgl. Kanz et al. 2006):

- *Finde die Patienten, die sofortiger Behandlung bedürfen (Kategorie I – rot)!*
- *Sortiere die Einsatzstelle!*

Außerdem erlaubt es der Algorithmus, die häufigsten behandelbaren Todesursachen ohne Zeitverzug zu erkennen und zu beheben. Die Schnelligkeit und Treffsicherheit sind untermauert, jedoch muss dieses Instrument trainiert werden.

Die Verwendung von Algorithmen schafft Sicherheit und trägt dazu bei, Fehler zu minimieren (vgl. Helmerichs et al. 2016, S. 51), wodurch psychischen Belastungen präventiv begegnet werden kann.

4.3.4 Allgemeine Einschätzung zur Vorsichtung

Ein klares Ziel eines jeden (Vor-)Sichtungsalgorhithmus sollte sein, die vital bedrohten („roten“) Patienten zu finden und deren Überlebenschance zu heben. In den letzten Jahren ist das Vorsichtungsverfahren nach PRIOR® (Primäres Ranking zur Initialen Orientierung im Rettungsdienst) zunehmend beliebter geworden. Die Autoren wollen nicht die gesamte Literatur dazu aufarbeiten, sondern möchten die Sinne schärfen und dazu auffordern, sich mit dem im eigenen Bereich genutzten Algorithmus auseinanderzusetzen.

Nach der Meinung von Heller et al. (2017) in ihrer Übersichtsarbeit sollte bei der Einführung eines neuen Verfahrens darauf geachtet werden, die Übertriage zu vermeiden (und die Untertriage [Anmerkung der Autoren]). Weiterhin stellen sie fest, dass für die Mehrheit der Mitarbeiter in der Notfallmedizin es herausfordernd ist, von der Individualmedizin auf die Katastrophenmedizin „umzuschalten“.

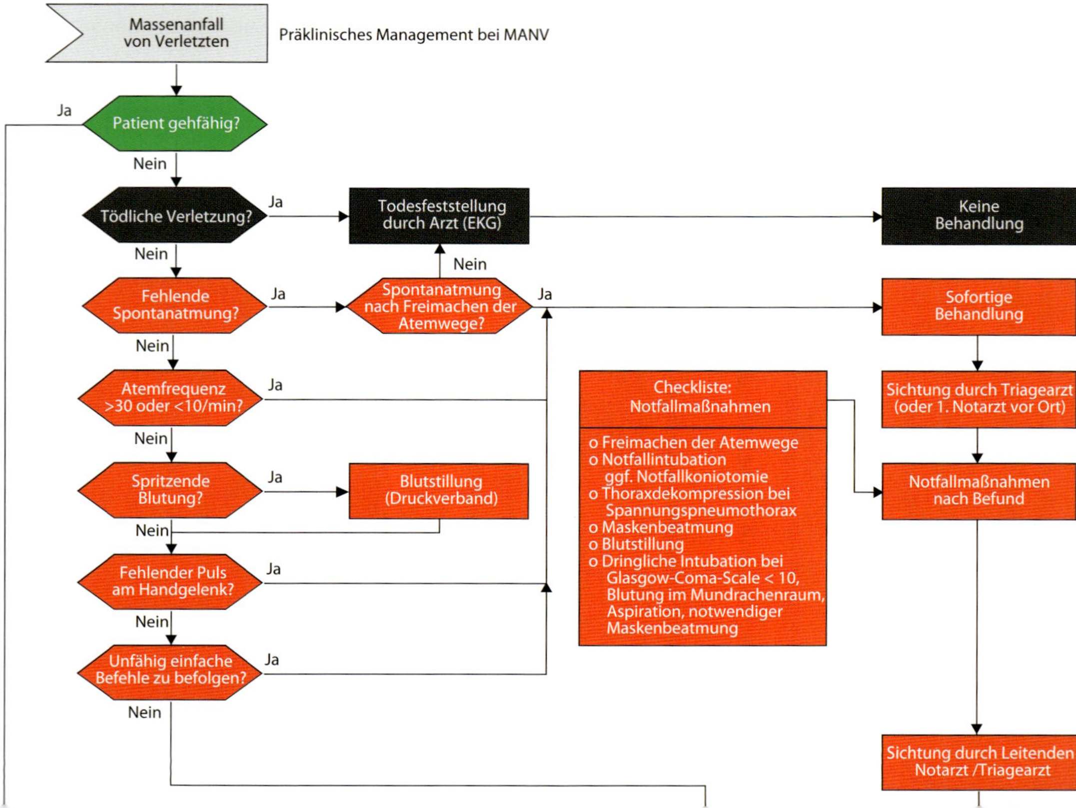
Massenanfall von Verletzten
Präklinisches Management bei MANV
Patient gehfähig?
Ja
Nein
Tödliche Verletzung?
Ja
Todesfeststellung durch Arzt (EKG)
Keine Behandlung
Nein
Fehlende Spontanatmung?
Ja
Spontanatmung nach Freimachen der Atemwege?
Nein
Ja
Sofortige Behandlung
Nein
Atemfrequenz >30 oder <10/min?
Ja
Nein
Spritzende Blutung?
Ja
Blutstillung (Druckverband)
Nein
Fehlender Puls am Handgelenk?
Ja
Nein
Unfähig einfache Befehle zu befolgen?
Ja
Nein
Checkliste: Notfallmaßnahmen
o Freimachen der Atemwege
o Notfallintubation ggf. Notfallkoniotomie
o Thoraxdekompression bei Spannungspneumothorax
o Maskenbeatmung
o Blutstillung
o Dringliche Intubation bei Glasgow-Coma-Scale < 10, Blutung im Mundrachenraum, Aspiration, notwendiger Maskenbeatmung
Sichtung durch Triagearzt (oder 1. Notarzt vor Ort)
Notfallmaßnahmen nach Befund
Sichtung durch Leitenden Notarzt /Triagearzt

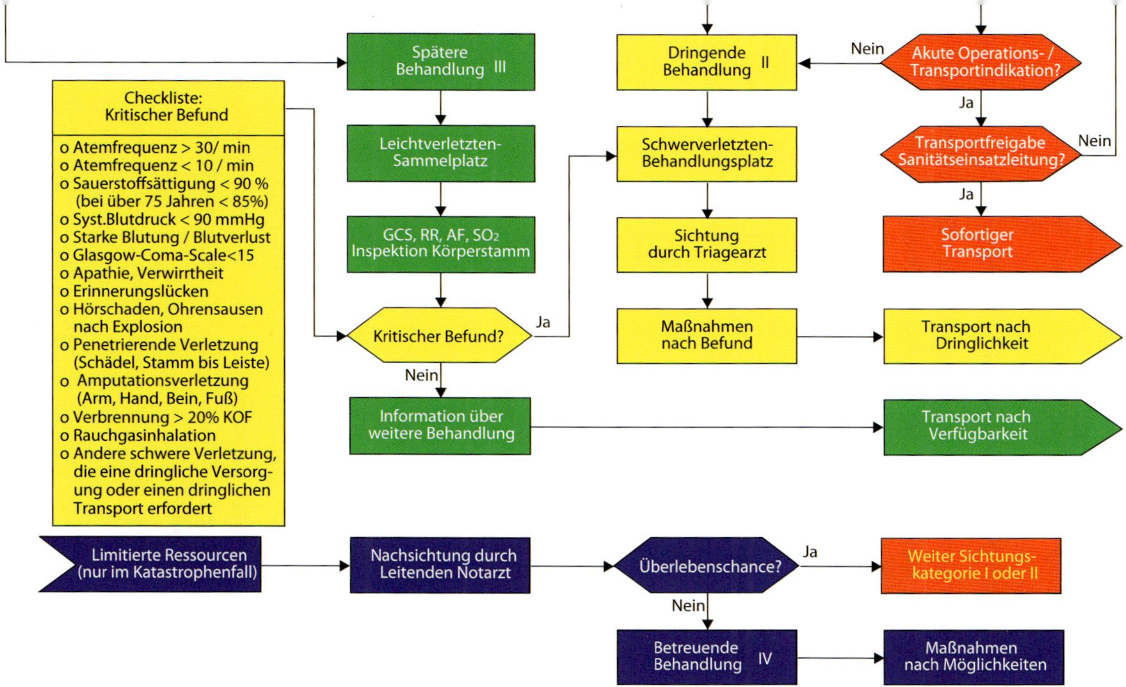

Abb. 9 ▶ mSTaRT-Algorithmus für den Massenanfall von Verletzten (Quelle: Paul AO, Kay MV, Huppertz T et al. [2009] Validierung der Vorsichtung nach dem mSTaRT-Algorithmus. Pilotstudie zur Entwicklung einer multizentrischen Evaluation. Der Unfallchirurg 112 (1): 23 – 32. Abdruck mit freundlicher Genehmigung von Springer Science and Business Media)

5 Zusammenarbeit mit Polizeikräften

5.1 Beweismittelvernichtung

An Tatorten rückt stets zu einem gewissen Zeitpunkt die Sicherung und Auswertung der Spuren in den Vordergrund, um den Sachverhalt – beziehungsweise die Straftat – aufklären zu können. Hierbei gilt „kleine Ursache, große Wirkung“: Kleine Unachtsamkeiten oder sogar Veränderungen zu Beginn können später nur sehr schlecht oder meistens gar nicht mehr ausgeglichen werden. In der Regel erfolgt die Spurensicherung als polizeiliche Maßnahme am Tatort im „ersten Angriff“ durch zwei Phasen: zunächst im „Sicherungsangriff“, der meistens durch den Einzeldienst der Polizei („Streifenbesatzung“) begonnen wird und dann in den „Auswertungsangriff“ durch Fachkräfte, z.B. Kriminaltechnische Untersuchung (KTU), übergeht.

Nicht erkannte, verfälschte oder beseitigte Spuren verhindern eine lückenlose Beweiskette. Dies kann im Extremfall dazu führen, dass ein Straftäter vor Gericht nicht verurteilt werden kann. Das Erkennen und Erhalten von Spuren ist deshalb wichtig, sie können sich zudem sehr unterschiedlich darstellen. Spuren sind auf dem Weg zum Tatort, am Tatort selbst und gegebenenfalls auf dem Weg vom Tatort weg zu finden sowie am Opfer oder Täter. Bekannte Spurenarten sind daktyloskopische Hinweise (Fingerabdrücke), Fuß- oder Fahrzeugspuren sowie Spuren durch Werkzeuge und Schusswaffen (Hülse und Geschoss). Hinzu kommen sogenannte Substanzspuren, wie Erde, Farben, Pflanzen oder Fasern. Immer bessere Möglichkeiten der Untersuchung ergeben sich im Bereich der biologischen und Mikrospuren, wie bei Haaren, Blut bzw. Sekreten oder im Bereich der DNS-Analyse.

Grundsätzlich besteht das Ziel der Spurensicherung darin, den Weg des oder der Täter zum Tatort, ihr dortiges Handeln und den Weg vom Tatort weg aufzuklären. Dabei muss auseinandergehalten werden, welche Spuren vom Täter, welche vom Opfer und welche von anderen Personen stammen. Hier sind die „Trugspuren" von Bedeutung, die von tatortberechtigten Personen hinterlassen werden, aber mit der eigentlichen Tat nichts zu tun haben. Dies ist besonders im Bereich des Rettungsdienstes der Fall, da dessen Arbeit Tatorte und Opfer stark verändern kann. Für die erste medizinische Einschätzung müssen Patienten oft umgedreht sowie Tische oder Stühle zur Seite geräumt werden. Hinzu kommt die Beseitigung von vermeintlichem Müll, wenn nach dem Abschluss der medizinischen Versorgung am Einsatzort schnell etwas „aufgeräumt" wird. Dies geschieht sehr häufig im Einsatz und bleibt in den meisten Fällen – denen keine Straftat zugrunde liegt – auch ohne Konsequenz.

5.1.1 Beweismittelbewahrung im täglichen Einsatz

Selbstverständlich ist die Rettung von Menschenleben grundsätzlich wichtiger als die Sicherung von Spuren. Man sollte jedoch im Zusammenhang mit dem einfachen Satz „So viel wie nötig – so wenig wie möglich" im Hinterkopf haben, dass jede Veränderung am Tatort weitreichende Konsequenzen nach sich ziehen kann und deshalb jede Veränderung genau zu dokumentieren ist. Diese Dokumentation sollte mit einer entsprechenden Erläuterung und mündlichen Übergabe den Kräften der Polizei zur Verfügung gestellt werden. Auf unbewusste Veränderungen – wie z.B. das Wegwerfen einer Zigarettenkippe – muss unbedingt geachtet werden. Zu der genauen Dokumentation gehören erste Eindrücke, wie der Patient aufgefunden wurde und welche Dinge für die Versorgung verändert wurden. Ebenso gehören die einzelnen Schritte in der Patientenversorgung selbst und der eigene Weg vom Fahrzeug zum Einsatzort dazu. Sind bereits Kräfte der Polizei vor Ort, kann es sinnvoll sein, schnell im Vorfeld einen bestimmten Weg im Sinn eines „engen Trampelpfades“ zum Tatort abzustimmen, um den Rest des Tatortes nicht unnötig zu verändern.

5.1.2 Beweismittelbewahrung in Bedrohungslagen

Im Bereich von Bedrohungs- und Terrorlagen stellt sich das Vorgehen ungleich schwieriger dar. Auch hier spielt die Spurensicherung eine große und wichtige Rolle. Hinzu kommen für die Einsatzkräfte aber zunächst die Sicherung des Umfeldes und das Erkennen möglicher weiterer Bedrohungen nach einem ersten Anschlag. Mit bestimmten Maßnahmen kann jedoch auch hier dafür Sorge getragen werden, dass Spuren erhalten und bewahrt bleiben.

Zunächst ist die strikte Einhaltung von Sicherheitsbereichen notwendig, von denen aus die Einsatzstelle über mit den Sicherheitskräften abgestimmte Wege zugänglich ist (vgl. Bevelacqua und Stilp 2003, Purpura 2006, Shapira, Hammond und Cole 2008). Letztlich sind auch diese Wege mit dem „engen Trampelpfad“ aus dem Vorgehen bei kleinen Tatorten vergleichbar.

Ebenso spielt der vermeintliche oder auch zusätzliche „Müll“ eine Rolle, wie z. B. Umverpackungen von Infusionen, die in großer Zahl einen Anschlagsort zusätzlich verändern. Besonders wichtig – im Zweifelsfall lebenswichtig – ist es, keine Rucksäcke, Taschen oder ähnliche Dinge der Patienten vom Tatort mitzunehmen (vgl. Bevelacqua und Stilp 2003, Purpura 2006, Shapira, Hammond und Cole 2008). Es ist häufig der Fall, dass unkonventionelle Spreng- und Brandvorrichtungen für einen Zweitanschlag, die zeitversetzt umsetzen sollen, in solchen Taschen, Koffern oder Rucksäcken untergebracht werden. Hinzu kommt, dass möglicherweise sich darin befindende Sprengvorrichtungen des ersten Anschlagzeitpunktes konstruktionsbedingt nicht umsetzten, also explodierten.

Patienten sollten so wenig wie möglich umgelagert werden und nach Möglichkeit auf einem Laken transportiert werden, das anschließend bei der Übergabe in der Klinik in einem Plastiksack (z.B. ein Müllbeutel – jedoch mit deutlicher Kennzeichnung!) asserviert und an die Polizei weitergeleitet wird. Dieses Laken wird auf übertragene Spuren hin untersucht, ebenso wie die Kleidung des Patienten, mit der genauso verfahren werden sollte. Gleiches gilt selbstverständlich für vom Patienten entfernte (ungefährlich erscheinende) Gegenstände (vgl. Bevelacqua und Stilp 2003, Purpura 2006, Shapira, Hammond und Cole 2008).

5.2 Konzepte zur Zusammenarbeit von Polizei und Rettungsdienst

5.2.1 Konzepte zur medizinischen Versorgung bei Amoklagen

Nach dem Amoklauf von Erfurt 2002 wurde erkannt, dass das polizeiliche Vorgehen bei Bedrohungslagen – die Lage möglichst statisch zu halten und das Eintreffen von Spezialkräften abzuwarten – durch die Handlungsweise der Täter in diesem speziellen Fall nicht zielführend war (weiterführend: Jansch 2010). Im Gegensatz zu einer Geiselnahme tötet der Täter beim Amoklauf scheinbar wahllos und unaufhörlich Menschen, scheut nicht die bewaffnete Konfrontation mit der Polizei und plant sogar, entweder sich selbst zu töten oder getötet zu werden (Suicide by Cop). Deshalb wurde in den Erlassen der Innenministerien der Länder bei Amoklagen festgelegt, dass eine Intervention durch die ersteintreffenden Kräfte vor Ort erfolgen soll. Um eine schnelle Handlungsunfähigkeit des Täters herbeizuführen, sollen ein oder mehrere „Kontaktteams" (die Bezeichnungen sind zum Teil unterschiedlich; „Zugriffsteams" oder „Eingriffsteams" sind hier synonym) unter gegenseitiger Rundumsicherung innerhalb des Tatobjekts den Täter lokalisieren. Nach Erfurt wurde auch festgestellt, dass das klassische notfallmedizinische Vorgehen – Handeln erst nach Beendigung aller polizeilichen Maßnahmen und Freigabe des Tatorts – nicht angebracht sei, da dies sehr viel Zeit in Anspruch nehmen könne, nach der die Hilfe für viele Opfer zu spät käme. Deshalb soll zusätzlich zum „Kontaktteam" ein „Rettungsteam" gebildet werden (vgl. Jansch 2010).

Grundsätzlich kommen für eine medizinische Hilfe direkt im Objekt zunächst zwei Varianten in Betracht.

- Polizeivollzugsbeamte erhalten eine medizinische Ausbildung und übernehmen die Erstversorgung.
- Rettungsfachpersonal begibt sich nach einer Ausbildung in taktischer Notfallmedizin und entsprechendem Training mit Schutzausstattung und unter Sicherung der Polizei in das Objekt.

Die erste Option ist im Bereich der Spezialeinsatzkommandos sehr weit verbreitet. Hier handelt es sich allerdings um Spezialkräfte, deren Eintreffen bei Amoklagen nicht abgewartet werden kann. Eine rettungsdienstliche Ausbildung und Ausstattung des Einzeldienstes („Streifendienstes") der Polizei wäre unverhältnismäßig, zumal die Polizei innerhalb der polizeiärztlichen Dienste Beamte mit Rettungsdienstausbildung beschäftigt. Diese sind allerdings nicht flächendeckend vorhanden, sodass deren Einsatz ebenfalls einem

Eintreffen von Spezialkräften gleichkäme. Somit entschied man sich in der Vergangenheit, das „Rettungsteam" aus den Kräften der ersteintreffenden RTW-Besatzungen und Funkstreifenwagen zu bilden. Trotz teils erheblicher Bedenken sowohl auf polizeilicher als auch auf rettungsdienstlicher Seite wurden zunächst zwei Varianten erprobt:

- Rettungsfachpersonal bewegt sich mit Schutzausrüstung autark hinter den Polizisten, die so ungehindert auf den Täter einwirken können.
- Die Rettungsdienstmitarbeiter werden in der Mitte einer polizeilichen Formation geschützt und bewegen sich so koordiniert durch das Objekt.

Die zweite Variante setzte sich als „Rettungsteam"-Konzept mit zwei Rettungsdienstmitarbeitern (ein RTW) und vier Polizisten zunächst durch. Hiernach soll das Team gemeinsam

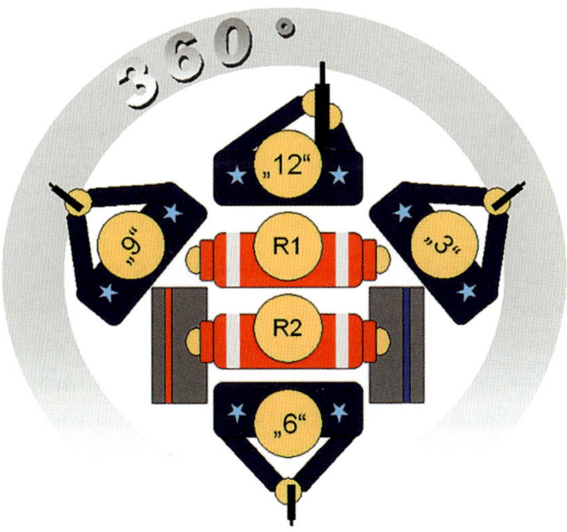

Abb. 10 ▸ Rettungsteam

einen Weg durch das Objekt nehmen, der möglichst vom Kontaktteam schon gesichert wurde und sich zügig einen „sicheren Raum" suchen, in den die Patienten durch drei Polizisten des Rettungsteams gebracht werden, während einer den Raum auf der Türschwelle sichert. Der enge Formationsgang im Team aus sechs Personen erweist sich jedoch in der Praxis als schwierig und trainingsintensiv.

Die erste Veröffentlichung des Konzepts in der Fachzeitschrift RETTUNGSDIENST (2006) hat kontroverse Diskussionen ausgelöst, in der besonders die Arbeitsgemeinschaft in Norddeutschland tätiger Notärzte (AGNN) und der Bundesverband der Ärztlichen Leiter Rettungsdienst diesem Vorgehen vehement widersprachen und es strikt ablehnten, zusammen mit der Polizei an solchen Konzepten zu arbeiten (vgl. Jansch 2010, Ziehm 2006). Dennoch wurden und werden in Deutschland die Rettungsteamtrainings mit dem Rettungsdienst vielerorts noch durchgeführt (vgl. Jansch 2010). Von polizeilicher Seite wird daher vielfach von einer Kenntnis und einer Teilnahme des Rettungsdienstes ausgegangen. Zusätzlich wurde im Fall gemeinsamer Trainings festgestellt, dass diese nur bedingt den realen psychischen und physischen Belastungen nachempfunden waren, die in einer Amoklage für das Rettungsfachpersonal zu erwarten sind (vgl. Jansch 2010).

5.2.2 Tactical Emergency Medical Support

Um die Schnittstelle Polizei–Rettungsdienst in Bedrohungslagen zu verbessern, wurde „Tactical Emergency Medical Support" (TEMS) entwickelt und zum großen Teil durch die Erkenntnisse der Militärmedizin beeinflusst. Bei Bedrohungslagen kommt es zu ähnlichen Verletzungsmustern in Form von penetrierenden Verletzungen (Schuss- oder Klingenwaffen) oder Explosionsverletzungen (Bomben) wie in

Gefechtshandlungen, die sonst – besonders im deutschen Rettungsdienst – sehr selten vorkommen (vgl. Jansch 2010, NAEMT 2016, Butler, Hagmann und Butler 1996, Champion et al. 2003). Die Erkenntnisse aus dem Vietnamkrieg ergaben, dass der größte Nutzen für Patienten erreicht wird, wenn die medizinische Versorgung so früh wie möglich – Sekunden bis Minuten – nach ihrer Verletzung erfolgt. Aus den Ereignissen in der Schlacht von Mogadischu 1993 und den Konflikten in Afghanistan und im Irak wurden die Informationen gewonnen, dass es „vermeidbare Todesursachen" in bewaffneten Auseinandersetzungen gibt, an denen Menschen unnötigerweise versterben, weil sie relativ einfach zu behandeln sind (s. Abb. 5). Hierzu zählen beispielsweise starke und massive Blutungen, die mit herkömmlichen Verbandmaterialien nicht zu beherrschen sind.

Aus diesem Grund wurde im militärischen Bereich das Konzept des „Tactical Combat Casualty Care" (TCCC) entworfen, das drei verschiedene Phasen der Patientenversorgung umfasst, in denen Maßnahmen in unterschiedlichem Umfang getroffen werden:

- „Care under Fire",
- „Tactical Field Care" und
- „Casualty Evacuation Care" (Butler, Hagmann und Butler 1996).

In diesem Konzept werden besonders penetrierende Verletzungen, deren Auswirkungen und Explosionsverletzungen bei einer Vielzahl von Patienten bis hin zum Massenanfall von Verletzten speziell betont, die in der rettungsdienstlichen Ausbildung und Praxis kaum vorhanden sind. Das Phasenmodell von TCCC ist auch in den zivilen Bereich von TEMS übertragbar, in dem von „heißer Zone" (möglicher Einwirkungsbereich des Täters), „warmer Zone" (erste

Deckung, sicherer Raum) und „kalter Zone“ (keine Gefährdung, Übergabe an den regulären Rettungsdienst) gesprochen wird (vgl. Jansch 2010).

Bereits 1982 wurde in den USA die Integration einer medizinischen Versorgungskomponente in polizeiliche Einheiten gefordert. Seitdem hat sich TEMS zu einem viel weitreichenderen Feld als die Verletztenversorgung in Bedrohungslagen entwickelt und umfasst auch Aspekte wie die Beratung der Einsatzleitung in medizinischer Hinsicht, medizinische Gefahrenanalysen für geplante Zugriffe oder Aktionen, Gesundheitspläne und arbeitsmedizinische Aspekte, maritime Medizin (Tauchmedizin und Wasserrettung), medizinische Unterstützung im professionellen Personenschutz, Auswertung von Studien und Materialbeschaffung und zu guter Letzt die taktische Notfallmedizin im engsten Sinne, also die sanitätsdienstliche Unterstützung und Versorgung bei Polizeieinsätzen. Da die Einführung eines TEMS-Konzeptes das therapiefreie Intervall wirkungsvoll reduziert, sind diese Programme in den USA sehr weit verbreitet. Entweder werden ausgewählte Polizisten in einer Kombination aus Notfallmedizin und taktischer Notfallmedizin ausgebildet oder ausgewählte Rettungsdienstmitarbeiter werden in taktischer Notfallmedizin geschult (vgl. Jansch 2010). Da die Paramedic-Ausbildung an vielen Orten in den USA jedoch deutlich umfangreicher ist als die polizeiliche Fortbildung für Polizisten zur Spezialkraft, ist diese Variante weit verbreitet. Dabei sind selbst in den USA nicht alle Rettungsdienstmitarbeiter in der taktischen Notfallmedizin bewaffnet.

Die heiße Zone des TEMS-Modells liegt im direkten möglichen Einwirkungsbereich des Täters, weshalb eine normale notfallmedizinische Behandlung hier erhebliche Risiken bergen würde. Letztlich ist nur die Rettung des Patienten aus dem direkten Gefahrenbereich in die warme Zone möglich (vgl. Jansch 2010). Vor der Rettung sind die einzig möglichen medizinischen Maßnahmen das Abbinden von Blutungen durch ein Tourniquet und ggf. das Freihalten der Atemwege durch einen Nasopharyngealtubus. Hauptsächlich verlagert TEMS die lebensrettende Behandlung in die warme Zone, in der zwar eine potenzielle, jedoch keine akute Gefährdung vorliegt. Die Behandlung muss aus diesem Grund so schnell, aber auch so umfassend wie möglich sein, um einerseits keine Verletzungen zu übersehen, andererseits den Verletzten zügig in die kalte Zone und nachfolgend in die Klinik zu bringen. Die Einschätzung von Risiko und Nutzen ist hierbei nur mit einer adäquaten Ausbildung und Erfahrung möglich. Zusätzlich bergen taktische Situationen Besonderheiten in der medizinischen Versorgung, ohne deren Kenntnis keine optimale Versorgung stattfinden kann (vgl. Jansch 2010), wie dies bei der Erstversorgung im Gefahrenbereich der Fall ist. Nicht nur in der jeweiligen Zone muss das Risiko eingeschätzt werden, sondern auch die Gefahren müssen klar sein, die sich aus einem Transport ergeben. So stellt z.B. Medizintechnik bei einem Transport im taktischen Bereich eine noch größere Belastung dar als im Regelrettungsdienst. Zum Teil muss erst aus der Ferne abgeschätzt werden, ob die Rettung eines Verletzten aus der heißen Zone eingeleitet werden sollte; der Versuch, einen Toten zu retten, wäre ein unnötiges Risiko. Zu diesem Zweck wurde die Methode der Fernbeurteilung (Remote Assessment Methodology) entwickelt, mit deren Hilfe der Zustand des Patienten ohne eine direkte Untersuchung abgeschätzt werden kann.

Im Bereich von TEMS existieren viele Unterschiede und Besonderheiten im Vergleich zu Einsätzen im Regelrettungsdienst (vgl. Jansch 2010). TEMS-Einsatzkräfte müssen alle Verfahren der normalen Notfallmedizin kennen, Zusatzfertigkeiten besitzen und darüber hinaus wissen, wann und wie vom Standard abgewichen werden muss. TEMS-Ausbildungen werden in den USA größtenteils von privaten Schulen durchgeführt, die polizeiliches, taktisches und medizinisches Wissen zu einem Spezialgebiet zusammenführen und vermitteln. Für die Grundlehrgänge, in denen die Teilnehmer nur taktische Grundlagen und spezielle medizinische Fähigkeiten erlernen und trainieren, werden pro Lehrgang meist ca. 50–60 Stunden veranschlagt. In Deutschland fehlt dem Konzept noch die Breitenwirkung. Einigkeit herrscht darüber, dass solch eine Ausbildung große Vorteile in der Patientenversorgung nach Terroranschlägen oder in anderen Bedrohungslagen bringt. Es herrscht jedoch auch Einigkeit darüber, dass die Verwendung ziviler Rettungsdienstkräfte ohne entsprechende Ausbildung nicht zielführend ist und eine zusätzliche Gefahr darstellt (vgl. Jansch 2010). Dies ist z. B. im Rettungsteam-Konzept der Fall, das eine Integration des regulären Rettungsdienstes vorsieht, nachdem lediglich eine kurze Schulung absolviert wurde. Das spezielle Wissen um die Besonderheiten der Lage und der medizinischen Versorgung nach einem Amoklauf oder Terroranschlag kann nicht in so kurzer Zeit vermittelt werden! Hinzu kommt, dass eine einzelne RTW-Besatzung für die Besonderheiten eines Massenanfalls von Verletzten mit Schuss- oder Explosionsverletzungen materiell nicht adäquat ausgestattet ist (vgl. Jansch 2010).

An einigen Orten wurde deshalb die Bildung einer Spezialgruppe des Rettungsdienstes durchgeführt, die sehr regional agiert (um eine möglichst kurze Eintreffzeit zu ermöglichen), speziell ausgebildet und ausgerüstet ist und regelmäßig zusammen mit der Polizei trainiert. Die Zusammenarbeit dieser rettungsdienstlichen Spezialgruppen erfolgt entweder mit dem jeweiligen Spezialeinsatzkommando oder mit dem Regeldienst der Polizei.

5.2.3 Ausblick

Zunehmend wird eine dritte Variante thematisiert, die eine Ausbildung jedes Polizisten in speziell auf diese Lagen zugeschnittener Erster Hilfe vorsieht. Hinzu kommt die entsprechende Ausstattung mit besonderen Materialien zur Bekämpfung der vermeidbaren Todesursachen nach bewaffneten Auseinandersetzungen. So wäre jeder Polizeivollzugsbeamte in der Lage, nicht nur sich selbst und seinem Kollegen, sondern auch Dritten nach einer Verletzung sofortige und auch wirksame Erste Hilfe zu leisten, bis der Patient vom Rettungsdienst übernommen werden kann, wie praktische Erfahrungen bereits deutlich zeigen konnten (vgl. Somashekhar und Horwitz 2011). Dieses Konzept wäre auch ein sehr hilfreicher und sachlicher Schritt in eine neue Konzeption zur Bewältigung von Amoklagen.

Umsetzungen in einigen Bundesländern und Bundesbehörden sind recht vielversprechend und sollten durchaus weiterverfolgt werden. Beispielsweise wurde in Schleswig-Holstein ein sowohl von rettungsdienstlicher als auch polizeilicher Seite abgestimmtes und landesweit zu beschulendes Konzept eingeführt, das die Rettung von Patienten aus unsicheren Bereichen durch die Polizei vorsieht.

Ein weiterer Aspekt ist die zivil-militärische Zusammenarbeit, hierzu finden zahlreiche Übungen statt, die über das tägliche Miteinander hinausgehen. Es bleibt abzuwarten, welche Schlüsse daraus gezogen werden können.

6 Spezielle Ausrüstung

6.1 Tourniquets

Grundsätzlich kommen zwei Varianten in Betracht. In der ersten Variante erfolgt die Anlage eines Tourniquets in einem Stufenmodell, das den Einsatz erst nach manueller Kompression bzw. der Anwendung eines Druckverbandes und Hochlagerung der Extremität vorsieht. Diese Verfahrensweise ist nicht allzu neu (vgl. Jansch 2010, NAEMT 2016, Deutsche Gesellschaft für Unfallchirurgie 2022a). Hinzugekommen sind jedoch die Indikationen zum sofortigen Gebrauch eines Tourniquets bei:

- lebensgefährlichen/massiven Blutungen oder multiplen Blutungsquellen an einer Extremität (z. B. Splitterverletzungen als sekundäres Explosionstrauma)
- mangelnder Erreichbarkeit der eigentlichen Verletzung (z. B. bei Einklemmung oder Verschüttung)
- „mehreren Verletzten mit Blutungen" (bis hin zum Massenanfall von Verletzten). Gut denkbar und in der „taktischen Notfallmedizin" bewährt ist auch der Einsatz bei Schussverletzungen, wenn entweder die Blutung nicht anders kontrolliert werden kann oder als überbrückende Maßnahme, um den Patienten aus einem Gefahrenbereich zu retten (vgl. Jansch 2010, Deutsche Gesellschaft für Unfallchirurgie 2022a).

Tourniquets funktionieren entweder manuell (mit einem Knebel) oder pneumatisch, ähnlich einer Blutdruckmanschette. Eine Blutdruckmanschette kann genutzt werden, hält aber die sehr hohen Drücke, die notwendig sind, selten dauerhaft konstant. Deshalb gibt es spezielle pneumatische Tourniquets, die in der Regel relativ teuer sind. Im militärischen Gebrauch haben sich manuelle Tourniquet-Abbindesysteme durchgesetzt, die mit einem Band um die Extremität geschlungen werden, das durch einen Drehknebel verengt wird und so die Gefäße der Extremitäten komprimiert, bis der arterielle Blutfluss unterbrochen ist (vgl. Jansch 2010, Butler, Hagmann und Butler 1996). Wird zu wenig Druck ausgeübt, kann die Blutung verstärkt werden, wenn nur das venöse Niederdrucksystem komprimiert und eine Stauung hervorgerufen wird. Deshalb wird auch ausdrücklich von improvisierten Lösungen abgeraten, wenn auf industriell hergestellte Systeme zurückgegriffen werden kann (vgl. Jansch 2010, NAEMT 2016). Das abdrückende Band muss eine gewisse Mindestbreite haben, um Gewebe- und Nervenschäden durch Einschneidung („Käsemesser") zu verhindern. Der Druck soll gleichmäßig zirkulär auf die Extremität ausgeübt werden und der Anlagezeitpunkt muss unbedingt dokumentiert und bei Patiententransfers mitgeteilt werden. Hierzu haben Tourniquetsysteme eine entsprechende Schreibfläche, die Dokumentation kann aber auch auf dem Patienten direkt erfolgen. Als sinnvoll, weil sofort sichtbar, hat sich ein mit wasserfestem Marker geschriebenes „T" mit der Uhrzeit auf der Stirn des Patienten erwiesen.

Es sollten nur Tourniquets eingesetzt werden, die sich in neutralen wissenschaftlichen Untersuchungen als verlässlich und wirksam erwiesen haben. Vom Committee of Tactical Combat Casualty Care (CoTCCC) werden derzeit zwei manuelle Tourniquets empfohlen: Das „Combat Application Tourniquet" (CAT) und das „Special Operational Forces Tactical Tourniquet" (SOFTT) (vgl. NAEMT 2016, Committee on Tactical Combat Casualty Care o. J.).

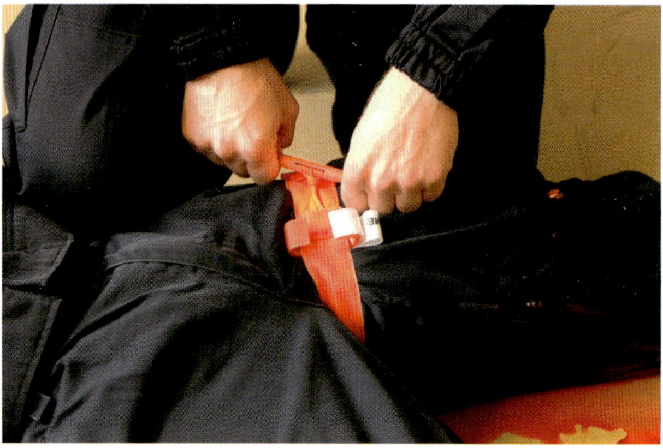

Abb. 11 ▶ Beispiel eines Tourniquets

6.2 Intraossärer Zugang

Beim intraossären (i.o.) Zugang handelt es sich um einen alternativen Gefäßzugang, der seinen Ursprung im pädiatrischen Bereich hat, mittlerweile aber auch beim Erwachsenen benutzt wird. Das Verfahren ist schnell und mit geringem Trainingsaufwand einfach zu erlernen. Zudem ist die Erfolgsquote als sehr hoch und die Komplikationsrate als sehr niedrig einzustufen (vgl. Dirks 2013).

Die europäischen Reanimationsrichtlinien schlagen vor, den i.o. Zugang nach frustranen venösen Versuchen oder wenn eine venöse Punktion nicht möglich erscheint zu legen (vgl. Perkins et al. 2021).

Als Punktionsorte kommen das proximale und distale Schienbein sowie distaler Femur und proximaler Humerus infrage (vgl. Dirks 2013). In Amerika wird auch der Zugang über das Manubrium sterni (Brustbein) genutzt, was jedoch im europäischen Raum nur selten der Fall ist.

Nahezu alle gängigen Medikamente und Infusionslösungen, die in der Notfallmedizin intravenös appliziert werden, können sicher über einen i.o. Zugang verabreicht werden (vgl. Scholz 2007). Hinsichtlich Dosierung, Anschlagszeit und Wirkdauer intraossär verabreichter Medikamente bestehen keine Unterschiede zur intravenösen Gabe. In Situationen mit absoluter Dringlichkeit, z.B. im Rahmen der kardiopulmonalen Reanimation oder beim schweren hämorrhagischen Schock, sollte dem i.o. Zugang gegenüber

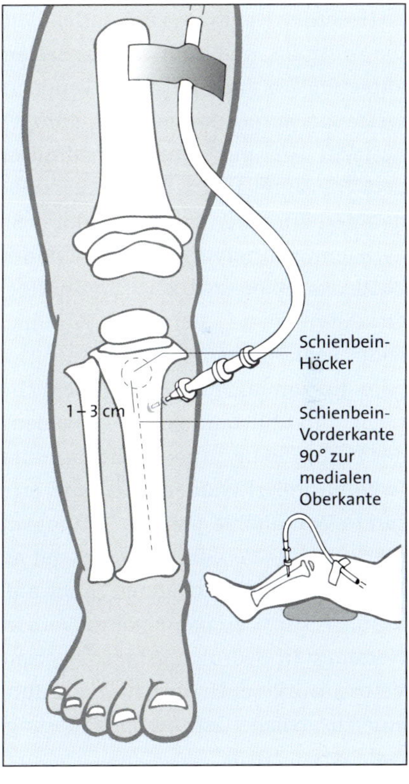

Abb. 12 ▶ Der intraossäre Zugang

der konventionellen Venenpunktion der Vorzug gegeben werden. Hier ist jedoch zu beachten, dass ein Volumenersatz aufgrund des aufzuwendenden Drucks schwierig zu realisieren ist.

6.3 Hämostyptika und spezielle Verbandmittel

Das Stoppen starker Blutungen hat in Terror- und Bedrohungslagen eine herausragende Bedeutung (vgl. NAEMT 2016, Butler, Hagmann und Butler 1996). Während sich für die Kontrolle von Blutungen aus Extremitäten Tourniquets anbieten, kommen diese bei Verletzungen, die beispielsweise am Körperstamm (Hals, Rumpf) auftreten, nicht in Betracht. Hier muss auf Verbandmittel ausgewichen werden. Hierunter fällt z.B. das Austamponieren von ausgedehnten Wundhöhlen, wie sie durch Schuss- oder Splitterverletzungen hervorgerufen werden können (vgl. Jansch 2010, Champion et al. 2003, Committee on Tactical Combat Casualty Care o.J.). Bei diesen Wundhöhlen liegt die Quelle der bedrohlichen Blutung in der Tiefe und kann mit einem herkömmlichen – oberflächlichen – Druckverband nicht zum Stillstand gebracht werden. Um die Blutung in der Tiefe effektiv zu kontrollieren, muss sie auch in der Tiefe komprimiert werden. Dies wird erreicht, indem die gesamte Wundhöhle von der Blutungsquelle an austamponiert wird, sodass ein anschließend angelegter Druckverband von außen nach innen Druck auf die Blutungsquelle ausüben kann. Einige moderne Verbände sind für die Anwendung in Bedrohungslagen speziell konzipiert, andere Verbandstoffe enthalten spezielle Substanzen, mit denen eine zusätzliche Gerinnungsförderung erzielt werden soll (vgl. Jansch 2010).

6.3.1 Hämostyptika

Ein Hämostyptikum oder auch Hämostatikum (von griechisch haima „Blut“ und stasis „Stillstand“) ist generell eine Substanz, die zur Blutstillung angewendet wird. Aufgrund der Erfahrungen aus Krisengebieten wurde vermehrt in die Entwicklung von Verbandstoffen investiert, die auf chemischem oder physikalischem Wege die Gerinnung auch bei starken Blutungen ermöglichen. Diese Produkte sollen besonders dann zum Einsatz kommen, wenn eine starke Blutung an einer Stelle vorliegt, an der das Anlegen eines Tourniquets unmöglich ist, z.B. am Körperstamm. Diesbezüglich besitzen alle am Markt befindlichen Produkte besondere Eigenschaften (vgl. Jansch 2010, NAEMT 2016, Committee on Tactical Combat Casualty Care o.J.). Begonnen hat die großangelegte Auslieferung solcher Artikel an die Streitkräfte mit zwei Produkten, von denen eines als eine Art Platte, das andere als Pulver gefertigt war.

Im Fall des Pulvers wurde eine exotherme Reaktion hervorgerufen, da Wasser aus der Wunde aufgenommen wurde und so die festen Blutbestandteile konzentrierte. Mit weiteren Produktgenerationen wurde die Hitzeentwicklung vermindert. Ein Nachteil der Pulverform ist, dass es bei sehr starken Blutungen entweder wieder ausgeschwemmt wird oder durch das ausströmende Blut die Blutungsquelle nicht erreicht, um dort wirksam zu werden. Deshalb wurde das Granulat in kleinen Beuteln untergebracht, die man in die Wundhöhle einbringen kann.

Als weitere Entwicklung wurden Verbandstoff und hämostatisch wirksame Agenzien miteinander verbunden. Diese speziell behandelte Gaze eignet sich zum Tamponieren von ausgedehnten Wundhöhlen und besitzt darüber hinaus die gerinnungsfördernden Eigenschaften eines Hämostyptikums, kann aber auch oberflächlich als Verband eingesetzt werden. Die Anwendung dieser Mittel bedarf einer entsprechenden Ausbildung und Übung, um effektiv und wirksam zu sein (vgl. Jansch 2010, NAEMT 2016, Committee on Tactical Combat Casualty Care o.J.).

6.3.2 Spezielle Druckverbände

Bei Schuss- oder Splitterverletzungen kann es generell notwendig sein, eine tiefere Wundhöhle zu tamponieren, unabhängig von der Verwendung eines Hämostyptikums. Hierfür wird sterile Gaze oder Verbandmull benötigt, um Druck auf die tiefliegenden verletzten Gefäße auszuüben, und geeignetes Verbandmaterial, um die Tamponade zu fixieren sowie Druck von der Oberfläche in die Tiefe auszuüben. Gängiges Verbandmaterial im Rettungsdienst besteht entweder aus Druckverbandpäckchen, die eine Mullbinde mit einer Wundauflage kombinieren, oder einzeln vorgehaltenen Mullkompressen und Mullbinden. Für einen Druckverband muss noch ein Druckpolster genutzt werden, was z.B. aus einem weiteren Verbandpäckchen besteht. Da dies letztlich eine Improvisation darstellt und man in einem Krisengebiet gewissermaßen in der persönlichen Ausstattung auf kein Verbandpäckchen „verzichten“ konnte, hat sich die Nutzung eines speziell hierfür hergestellten Produkts bewährt, das bereits einen Druckapplikator enthält. Diese Verbände können beispielsweise auch einhändig zur vereinfachten Selbstanlage genutzt werden. Hinzu kommen bereits fertige Sicherungsmechanismen, die den Verband auch sicher fixieren. Für ausgedehnte Verletzungen, z.B. mehrfache Splitterverletzungen auf Thorax, Abdomen oder Extremitäten nach Sprengstoffanschlägen, werden auch Modelle mit besonders großen Wundauflagen produziert. Aus den Erfahrungen der Vergangenheit heraus haben sich zwei Produkte weitestgehend am Markt positioniert, wobei auch zunehmend neue Anbieter existieren.

Eines der beiden etablierten Produkte ist die „Emergency Bandage“, die auch als „Israeli Trauma Bandage“ oder in Deutschland unter dem Namen „der Notverband“ bekannt ist. Sie besitzt einen Druckapplikator aus Kunststoff in Form eines Bügels, der als Umlenk- oder Umschlagpunkt genutzt werden kann. Zur Sicherung lässt sich das Ende der Bandage mithilfe eines Steges und Widerhakens unter die vorherigen „Bindengänge“ haken und so einfach sichern (vgl. Jansch 2010, Committee on Tactical Combat Casualty Care o.J.).

Das zweite bekannte Produkt ist die „Olaes Modular Bandage“, die ebenfalls über einen Druckapplikator verfügt, der jedoch flach, mit einer Vertiefung in der Mitte und

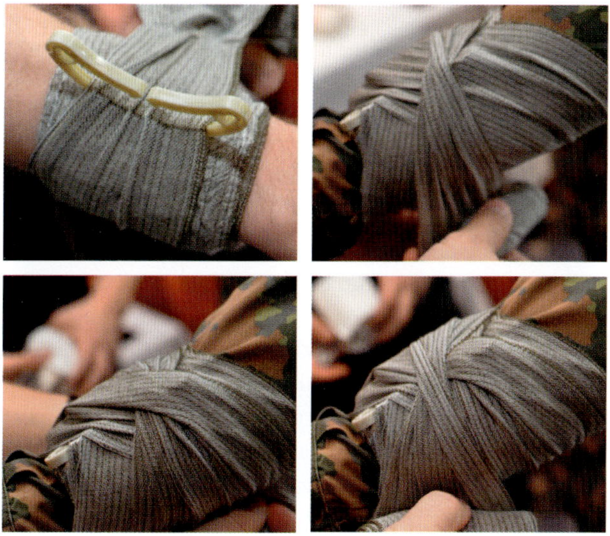

Abb. 13 ▶ Anlage einer Israeli Trauma Bandage

transparent ist. Durch die Transparenz und die Vertiefung soll es ermöglicht werden, ein Sichtungsfenster zur Kontrolle zu nutzen, das zeigt, ob der Verband effektiv ist oder durchblutet. Eine weitere Eigenschaft besteht darin, dass innerhalb der Wundauflage neben einer Folie zum luftdichten Abkleben von Thoraxverletzungen entnehmbare Gaze enthalten ist, um Wundhöhlen tamponieren zu können (vgl. Jansch 2010).

Die interessanten Eigenschaften solcher Produkte machen es empfehlenswert, sich sowohl mit den etablierten als auch den Neuentwicklungen vertraut zu machen, da sie bei der Kontrolle bedrohlicher Blutungen – nicht nur in Bedrohungslagen – eine wertvolle Hilfe sein können.

6.4 Entlastung eines Pneumothorax

Der Pneumothorax ist eine der häufigsten Begleitverletzungen polytraumatisierter Patienten. Eine Entlastung am Unfallort vor dem Transport ist anzustreben, sofern der komplikationslose Transport nicht gewährleistet werden kann.

Ein abgeschwächtes oder fehlendes Atemgeräusch bei der Auskultation des Thorax (nach Kontrolle der korrekten Tubuslage bei einem beatmeten Patienten) rechtfertigt die Verdachtsdiagnose Pneumothorax. Das Fehlen eines solchen Auskultationsbefundes, insbesondere mit einer normalen Atmung und thorakaler Schmerzfreiheit, schließt einen größeren, nicht aber einen kleineren Pneumothorax weitgehend aus. Bei Nachweis eines Hautemphysems besteht ebenfalls der Verdacht auf einen Pneumothorax (vgl. Scholz 2007). Inspektion (Seitendifferenz der Atmung, Vorwölbung einer Seite, paradoxe Atmung), Palpation (Schmerzen, Krepitationen, Hautemphysem, Instabilität), Pulsoxymetrie und, bei beatmeten Patienten, die Überwachung des Beatmungsdrucks können hilfreich sein, einen entstehenden Pneumothorax frühzeitig zu erkennen. Zur Entlastung eines Überdrucks bei einem (Spannungs-)Pneumothorax muss mit einer Nadel dekomprimiert und eine Thoraxdrainage angelegt werden.

6.4.1 Zugangswege

Es existieren zwei mögliche Orte für die Anlage einer Thoraxdrainage: im 2./3. Interkostalraum (ICR) in der mittleren Klavikularlinie oder im 4./5. ICR (Zugang nach Bülau) in der vorderen Axillarlinie (vgl. Scholz 2007). Bei der Nadeldekompression wird mit einer großlumigen Kanüle im 2. ICR medioklavikular punktiert. Ein Belassen des Metallmandrins führt zu einer Vermeidung des Abknickens der Kanüle. Hier kann die ARS® for Needle Decompression (14 Gauge × 3.25 in.) (vgl. McPherson, Feigin und Bellamy 2006) benutzt werden.

- Die Entlastung eines Spannungspneumothorax sollte durch eine Nadeldekompression, gefolgt von einer chirurgischen Eröffnung des Pleuraspaltes mit oder ohne Thoraxdrainage, erfolgen.
- Ein Pneumothorax sollte – sofern die Indikation besteht – durch eine Thoraxdrainage behandelt werden.
- Die Eröffnung des Pleuraraums sollte durch Minithorakotomie erfolgen. Die Einlage der Thoraxdrainage sollte ohne Verwendung eines Trokars vorgenommen werden.

6.4.2 Checkliste Dekompression eines Pneumothorax

Die folgende Auflistung (modifiziert nach Dirks [2013]) kann bei der Entscheidungsfindung zur Dekompression eines Pneumothorax hilfreich sein:

- fehlendes Atemgeräusch
- gestaute Halsvenen
- Dyspnoe
- Bradypnoe/Tachypnoe
- Hypotonie
- erhöhter Beatmungsdruck.

Anhang

Literatur

Aylwin CJ, König TC, Brennan NW, Shirley PJ, Davies G, Walsh MS, Brohi K (2006) Reduction in critical mortality in urban mass casualty incidents: analysis of triage, surge, and resource use after the London bombings on July 7, 2005. Lancet 368 (9554): 2219–2225.

Bäcker J, May E (2012) Amoklagen: Gute Vorbereitung als Basis professionellen Handelns. Polizeikurier RLP 2: 8–13.

Bernstein DM (1987) When disaster strikes: how individuals and communities cope with catastrophe. JAMA 258 (5): 708–709.

Bevelacqua AS, Stilp RH (2003) Terrorism Handbook for Operational Responders. 2. Aufl., Delmar Cengage Learning, New York.

Böcking D (2006) Amokläufer tötete sich mit Schuss in den Mund. Spiegel online am 21. November.

Born CT, Briggs SM, Ciraulo DL, Frykberg ER, Hammond JS, Hirshberg A, Lhowe DW, O'Neill PA, Mead J (2007) Disasters and mass casualties: II. explosive, biologic, chemical, and nuclear agents. J Am Acad Orthop Surg 15 (8): 461–473.

Bundesamt für Bevölkerungsschutz und Katastrophenhilfe (Hrsg.) (2019) Gesamtprotokoll der 8. Sichtungs-Konsensus-Konferenz. Bonn.

Bundesärztekammer (Hrsg.) (o.J.) Sichtungskategorien und deren Dokumentation: www.bundesaerztekammer.de/fileadmin/user_upload/_old-files/downloads/Sichtungskategorien_und_deren_Dokumentation.pdf. Abruf: 28. August 2022.

Bundesministerium des Innern (Hrsg.) (2020) Angriffe mit Stichwaffen. Öffentliche Sicherheit 1/2: 9–11.

Bundesministerium des Innern (Hrsg.) (2015) Verfassungsschutzbericht 2015. Berlin.

Bundesministerium des Innern und für Heimat (Hrsg.) (2022) Verfassungsschutzbericht 2021. Berlin. www.bmi.bund.de/SharedDocs/downloads/DE/publikationen/themen/sicherheit/vsb-2021-gesamt.html. Abruf: 8. Februar 2023.

Butler FK, Hagmann JH, Butler EG (1996) Tactical Combat Casualty Care in special operations. Military Medicine 161 (Suppl 1): 3.

Carles M, Levraut J, Gonzalez JF, Valli F, Bornard L et al. (2016) Mass casualty events and health organisation: terrorist attack in Nice. Lancet 388 (10058): 2349–2350.

Champion HR, Bellamy RF, Roberts CP, Leppaniemi A (2003) A profile of combat injury. J Trauma 54 (Suppl 5): 13–19.

Committee on Tactical Combat Casualty Care (Hrsg.) (o.J.) Education & Training. https://deployedmedicine.com. Abruf: 21. März 2023.

Deutsche Gesellschaft für Unfallchirurgie e.V. (Hrsg.) (2022a) S3-Leitlinie Polytrauma/Schwerverletzten-Behandlung. AWMF-Register-Nr. 187-023.

Deutsche Gesellschaft für Unfallchirurgie e.V. (Hrsg.) (2022b) TraumaRegister DGU® (TR-DGU).

Diehl J (2009) Bluttat an Ansbacher Schule. Amokläufer attackierte Schüler mit Axt und Messern. Spiegel online am 17. September.

Dirks B (Hrsg.) (2013) Die Notfallmedizin. 2. Aufl. Springer, Berlin, Heidelberg.

Flemming A, Adams H (2007) Rettungsdienstliche Versorgung beim Massenanfall von Verletzten (MANV). Intensivmed Notfallmed 44 (7): 452–459.

Freistaat Thüringen (Hrsg.) (2004) Bericht der Kommission Gutenberg-Gymnasium. Erfurt.

Gutierrez de Ceballos JP, Turégano Fuentes F, Perez Diaz D, Sanz Sanchez M, Martin Llorente C, Guerrero Sanz JE (2005) Casualties treated at the closest hospital in Madrid, March 11, terrorist bombings. Crit Care Med 33 (Suppl 1): S107–112.

Haug CJ (2015) Report from Paris. N Engl J Med 373 (27): 2589–2593.

Hauschild S, Voß P, Wirtz S (2006) Präklinisches Management bei Explosionsverletzungen. Notf Rett Med 9 (5): 453–472.

Heller AR, Salvador N, Frank M, Schiffner J, Kipke R, Kleber C (2017) Diagnostische Güte von Vorsichtungsalgorithmen für den Massenfall von Verletzten und Erkrankten. Anästhesist 66 (10): 762–772.

Helmerichs J, Karutz H, Gengenbach O, Richwin R (2016) Psychosoziale Herausforderungen im Feuerwehrdienst. Belastungen senken – Schutz stärken. Bonn, Berlin. www.psnv-nok.de/images/download/09_Broschuer_DFV_HFH-BBK_Belastungen-senken_PSNV.pdf. Abruf: 21. März 2023.

Hoffman B (2003) Al Qaeda, trends in terrorism, and future potentialities: an assessment. Studies in Conflict & Terrorism 26 (6): 429–442.

Jansch A (2010) Taktische Notfallmedizin: Grundlagen, Bedeutung für den Rettungsdienst und die Anwendung bei Amoklagen. Verlag für Polizeiwissenschaft, Frankfurt am Main.

Jesse E (2021) Terrorismus. In Andersen U, Woyke W (Hrsg.) Handwörterbuch des politischen Systems der Bundesrepublik Deutschland. 8. Aufl., Springer, Wiesbaden, S. 906–912.

Kanz K-G, Hornburger P, Kay M, Mutschler W, Schäuble W (2006) mSTaRT-Algorithmus für Sichtung, Behandlung und Transport bei einem Massenanfall von Verletzten. Notf Rett Med 9 (3): 264–270.

Kelly JF, Ritenour AE, McLaughlin DF, Bagg KA et al. (2008) Injury severity and causes of death from Operation Iraqi Freedom and Operation Enduring Freedom: 2003–2004 versus 2006. J Trauma 64 (Suppl 2): S21–26; discussion S26–27.

Kennedy K, Aghababian RV, Gans L, Lewis CP (1996) Triage: techniques and applications in decision making. Ann Emerg Med 28 (2): 136–144.

Klapötke TM (2009) Chemie der hochenergetischen Materialien. De Gruyter, Berlin.

Kneubuehl B (Hrsg.) (2008) Wundballistik. Grundlagen und Anwendungen. 3. Aufl., Springer, Heidelberg.

Knickmann A, Neumann S, Subat T (2021) Ersteintreffendes Rettungsmittel beim MANV. 4. Aufl., Stumpf + Kossendey, Edewecht.

Köhler J, Meyer R (2009) Explosivstoffe. Wiley, Hoboken, New Jersey.

Kruse N (2006) Amoklauf von Emsdetten. Das Tagebuch von Bastian B. Stern.de am 22. November.

Lasaulx E von (1858) Des Sokrates Leben, Lehre und Tod: Nach den Zeugnissen der Alten dargestellt. Cotta, Stuttgart, Tübingen.

Lennquist S (Hrsg.) (2012) Medical response to major incidents and disasters. A aractical guide for all medical staff. Springer, Berlin, Heidelberg.

Magoley N (2022) Gibt es wirklich immer mehr Messerangriffe? WDR online am 13. Juni.

Martin C, Spies V (2023) Schusswaffenverletzungen und penetrierende Traumata. Anästhesiol Intensivmed Notfallmed Schmerzther 58 (4): 253–263.

McFate M (2005) Iraq: the social context of IEDs. Military review 85: 37. https://apps.dtic.mil/dtic/tr/fulltext/u2/a486807.pdf. Abruf: 9. Februar 2023.

McPherson JJ, Feigin DS, Bellamy RF (2006) Prevalence of tension pneumothorax in fatally wounded combat casualties. J Trauma 60 (3): 573–578.

NAEMT–PHTLS (Hrsg.) (2006) Prehospital Trauma Life Support. 6. Aufl., Mosby, St. Louis.

NAEMT (Hrsg.) (2016) Präklinisches Traumamanagement: Das PHTLS-Konzept. 3. Aufl., Urban & Fischer/Elsevier, München.

o. A. (2004) Erfurter Amoklauf: Anzeige gegen Polizei. Stern.de am 4. März.

o. A. (2009a) Amoklauf mit 16 Toten erschüttert Deutschland. Stuttgarter Zeitung am 12. März.

o. A. (2009b) Polizist feuert mit Maschinenpistole auf Amokläufer. Welt online am 17. September.

o. A. (2019) Anschlag in Halle. Stahlknecht schildert genauen Ablauf. MDR am 10. Oktober.

Paul AO, Kay MV, Huppertz T, Mair F, Dierking Y, Hornburger P, Mutschler W, Kanz K-G (2009) Validierung der Vorsichtung nach dem mSTaRT-Algorithmus. Unfallchirurg 112 (1): 23–32.

Perkins GD, Gräsner J-T, Semeraro F, Olasveengen T et al. (2021) European Resuscitation Council Guidelines 2021. Executive summary. Resuscitation 161: 1–60.

Pinkert M, Lehavi O, Goren OB, Raiter Y, Shamis A, Priel Z, Schwartz D, Goldberg A, Levi Y, Bar-Dayan Y (2008) Primary triage, evacuation priorities, and rapid primary distribution between adjacent hospitals-lessons learned from a suicide bomber attack in downtown Tel-Aviv. Prehosp Disaster Med 23 (4): 337–341.

Poguntke P (2016) REBEL verzahnt mit der Polizei: Neues Rettungsdienst-Konzept für Terrorlagen in Bayern. RETTUNGSDIENST 39 (10): 964–965.

Prockop LD (2006) Weapons of mass destruction: overview of the CBRNEs (Chemical, Biological, Radiological, Nuclear, and Explosives). J Neurol Sci 249 (1): 50–54.

Purpura P (2006) Terrorism and Homeland Security: An Introduction with Applications. Butterworth-Heinemann/Elsevier, Amsterdam u. a.

Rieger A (2010) Auf der Suche nach dem idealen Helm. Stuttgarter Nachrichten am 1. Februar.

Robertz FJ (2004) School Shootings. Über die Relevanz der Phantasie für die Begehung von Mehrfachtötungen durch Jugendliche. Verlag für Polizeiwissenschaft, Frankfurt am Main.

Robertz FJ, Wickenhäuser RP (2010) Der Riss in der Tafel: Amoklauf und schwere Gewalt in der Schule. 2. Aufl., Springer, Berlin, Heidelberg.

Schmidbauer W, Lenz S, Bubser F, Kerner T (2010) Das Explosionstrauma. Ein seltener, besonders schwieriger Fall. Anasthesiol Intensivmed Notfallmed Schmerzther 45 (6): 372–377.

Scholz J (2007) Notfallmedizin. Thieme, Stuttgart.
Schwartz RB, McManus JG, Swienton RE (Hrsg.) (2007) Tactical Emergency Medicine. 5. Aufl., Lippincott Williams & Wilkins, Philadelphia.
Shapira SC, Hammond JS, Cole LA (Hrsg.) (2008) Essentials of terror medicine. Springer, Berlin, Heidelberg.
Sollid SJ, Rimstad R, Rehn M, Nakstad AR, Tomlinson A-E, Strand T, Heimdal HJ, Nilsen JE, Sandberg M (2012) Oslo government district bombing and Utøya island shooting July 22, 2011: the immediate prehospital emergency medical service response. Scand J Trauma Resusc Emerg Med 20 (1): 3.
Somashekhar S, Horwitz S (2011) First-aid kits credited with saving lives in Tucson shooting. Washington Post am 21. Januar. www.washingtonpost.com/national/first-aid-kits-credited-with-saving-lives-in-tucson-shooting/2011/01/21/ABRbcKR_story.html. Abruf: 9. Februar 2023.
Spörri R, Walther R, Reichert A, Braun R (2004) Accidents with dangerous goods. How can the risks be recognized and assessed? AINS 39 (3): 165–178.
Turégano-Fuentes F, Pérez-Díaz D (2006) Medical response to the 2005 terrorist bombings in London. Lancet 368 (9554): 2188–2189.
Völlmecke M, Bieler D, Franke A, Kollig E (2018) Penetrierende Verletzungen. Notfallmedizin up2date 13 (3): 315–328.
Wightman JM, Gladish SL (2001) Explosions and blast injuries. Ann Emerg Med 37 (6): 664–678.
Wikipedia-Redaktion (2018) Kategorie: Hieb- und Stichwaffe. https://de.wikipedia.org/wiki/Kategorie:Hieb-_und_Stichwaffe. Abruf: 18. September 2022.
Wolf SJ, Bebarta VS, Bonnett CJ, Pons PT, Cantrill SV (2009) Blast injuries. Lancet 374 (9687): 405–415.
Wurmb T, Kowalzik B, Franke A, Cwojdzinski D, Bernstein N, Brodala T, Weber M (2018) Bewältigung von besonderen Einsatzlagen. Notf Rett Med 21 (8): 664–672.
Wurmb T, Kowalzik B, Franke A, Cwojdzinski D, Bernstein N, Weber M (2019) Krankenhaus: Lebenbedrohliche Einsatzlagen. Dtsch Arztebl 116 (40): A-1772/B-1465/C-1437.
Ziehm T (2006) Mit „Schildkrötentaktik“ in die Amoklage: Kooperation von Polizei und Rettungsdienst am Einsatzort. RETTUNGSDIENST 29 (6): 364–367.

Autoren

Dr. med. Stefan Müller

Stefan Müller ist langjährig erfahrener Notfallmediziner und seit über 20 Jahren in der Aus- und Weiterbildung tätig. Er ist Leitender Oberarzt der Klinik für Anästhesie, Notfall- und Schmerzmedizin des Gemeinschaftsklinikums Mittelrhein am Standort Kemperhof in Koblenz sowie Bereitschaftsarzt des Deutschen Roten Kreuzes. Während seiner Tätigkeit im vom Bundesministerium für Bildung und Forschung geförderten Projekt zur Vorbereitung auf Terroranschläge, Krisen und Katastrophen (VoTeKK) entwickelte er im Rahmen seiner Tätigkeit an der Universitätsklinik Bonn einen Kurs mit dem Titel des vorliegenden Buches. Dieser Kurs wurde als Blended-Learning-Veranstaltung im Rahmen einer Pilotstudie an der Akademie für Krisenmanagement, Notfallplanung und Zivilschutz des Bundesamtes für Bevölkerungsschutz und Katastrophenhilfe angeboten.

Arne Jansch, M.A.

Langjährige Tätigkeit im Rettungsdienst, Katastrophenschutz und in weltweit operierenden Konzernen, Studium der BWL mit den Vertiefungsrichtungen Gesundheitswirtschaft und International Management & Business; Spezialisierung im Studium auf internationale Gefahrenabwehr. Forschung und Zusammenarbeit mit mehreren Institutionen der Bundes- und Landespolizeien; Mitarbeit im Projekt „Vorbereitung auf Terroranschläge, Krisen und Katastrophen“ (VoTeKK). Dozententätigkeit an der Akademie für Krisenmanagement, Notfallplanung und Zivilschutz (AKNZ) des Bundesamtes für Bevölkerungsschutz und Katastrophenhilfe und forscht seit mehr als zehn Jahren im Bereich Terrorismus. Lehrbeauftragter an der Hochschule für angewandte Wissenschaften der Hansestadt Hamburg für die Studiengänge Gefahrenabwehr/Hazard Control und Rettungsingenieurwesen/Rescue Engineering für das Fach „Prävention und Management besonderer Einsatzlagen“. Arne Jansch ist darüber hinaus Lehrbeauftragter weiterer behördlicher Einrichtungen.

Guido Hill

Ausbildung in der Elektrotechnik, ehemals Soldat, seit 1999 Beamter der Zollverwaltung, Entschärfer USBV, Spreng-/Pyrotechniker. Derzeitiger Arbeitsschwerpunkt im Bereich Grundsatz- und Schnittstellenangelegenheiten ist die Bewertung und Beratung der Generalzolldirektion nebst Dienststellen der Zollverwaltung im Kontext der Spreng- und Explosivstoffe. Während der Tätigkeit im Bundesministerium der Finanzen mit zuständig für den Bereich Sicherheitsmanagement. Mitarbeit im vom Bundesministerium für Bildung und Forschung geförderten Projekt zur Vorbereitung auf Terroranschläge, Krisen und Katastrophen (VoTeKK). Weiterhin tätig als Berater in den Bereichen Arbeitsschutz, personelle und infrastrukturelle Sicherheit sowie in der Aus- und Fortbildung auf dem Sektor Handlungs- und Eigensicherungskonzepte.

Dr. med. Philipp Fischer

Studium der Medizin an der Universität Bonn. Rettungsassistent, langjährige Erfahrung im Katastrophenschutz (Mitglied SEG). Repräsentant Deutschlands in der Sektion Disaster Medicine der ESTES (European Society of Trauma and Emergency Surgery). Lehrauftrag an der Universität Bonn, Studiengang KAVOMA Masterstudiengang Katastrophenvorsorge und Katastrophenmanagement. Seit 2007 war er in der Klinik für Orthopädie und Unfallchirurgie des Uniklinikums Bonn Assistenzarzt und als Wissenschaftlicher Leiter in nationalen und internationalen Forschungsprojekten mit dem Schwerpunkt der Katastrophenvorsorge und Management tätig. Dann übernahm er die Leitung eines orthopädischen Medizinischen Versorgungszentrums und beteiligt sich regelmäßig am Rettungsdienst. Einschlägige Erfahrungen als Katastrophenmediziner in internationalen Katastropheneinsätzen (Haiti, Pakistan, Kongo). Mitbegründer der deutsch-chinesischen Kooperation zur Gründung eines gemeinsamen Katastropheninstitutes. Als verantwortlicher Projektkoordinator im BMBF-geförderten Forschungsprojekt: Vorbereitung auf Terroranschläge, Krisen und Katastrophen (VoTeKK) im Rahmen des Programms „Forschung für die zivile Sicherheit" als Teil der High-Tech-Strategie der Bundesregierung. Im Forschungsschwerpunkt Katastrophenmedizin hat er die Notwendigkeit und den Bedarf des oben genannten Kurses erhoben und umgesetzt.

Abbildungsnachweis

Alle hier nicht genannten Abbildungen wurden vom Verlag nach den Vorgaben der Autoren erstellt.

Bundesamt für Bevölkerungsschutz und Katastrophenhilfe
Abb. 7

Klaus von Frieling
Abb. 13

Arne Jansch
Abb. 1, 2, 5, 10

J. Pesch
Abb. 3

J. Rönpage
Abb. 11

Springer Science and Business Media (s. a. Vermerk an der Abbildung)
Abb. 9

Mathias Woszczyna
Abb. 12